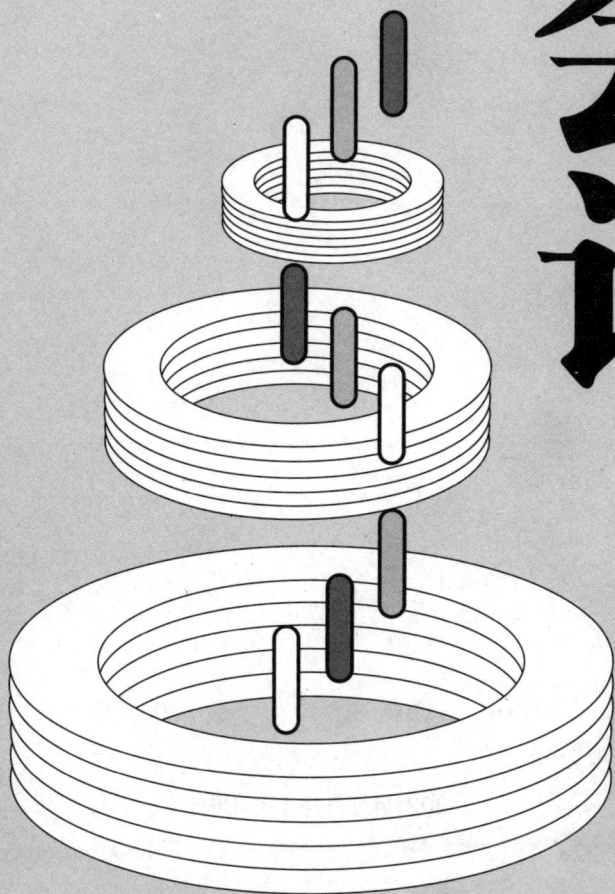

一本书读懂

会计

包红霏　寇鑫　刘益彤◎著

中国华侨出版社

图书在版编目（CIP）数据

一本书读懂会计 / 包红霏，寇鑫，刘益彤著. -- 北京：中国华侨出版社，2021.7
ISBN 978-7-5113-8528-4

Ⅰ．①一… Ⅱ．①包… ②寇… ③刘… Ⅲ．①会计学－基本知识 Ⅳ．①F230

中国版本图书馆CIP数据核字(2021)第084369号

● **一本书读懂会计**

著　　者 / 包红霏　寇　鑫　刘益彤
责任编辑 / 高文喆　桑梦娟
责任校对 / 孙　丽
装帧设计 / 杨玉兰
经　　销 / 新华书店
开　　本 / 710毫米×1000毫米　　1/16　　印张 / 15　　字数 / 200千字
印　　刷 / 唐山市铭诚印刷有限公司
版　　次 / 2021年7月第1版　　　　2021年7月第1次印刷
书　　号 / ISBN 978-7-5113-8528-4
定　　价 / 47.00元

中国华侨出版社　　北京市朝阳区西坝河东里77号楼底商5号　　邮　编：100028
法律顾问：陈鹰律师事务所
编辑部：（010）64443056　　　　传真：（010）64439708
发行部：（010）64443051
网　址：www.oveaschin.com
E-mail：oveaschin@sina.com

本书从一名会计入门者的角度出发，在第一章，以实务中构成会计循环过程的会计核算方法为主线，对各种基本概念进行了透彻讲解；第二章到第七章，循序渐进地依次介绍了设置会计科目与账户、复式记账、填制和审核凭证、登记会计账簿、成本计算和财产清查、编制会计报表；第八章介绍了会计要掌握的从成立到运营的企业逻辑；第九章由浅入深重点解释了会计技术在业务上的应用——"制造性工业企业会计循环"；第十章介绍了会计工作中的税务核算与申报；第十一章讲解了Excel软件在会计工作中的应用。本书立足实践和应用，按照一定的逻辑顺序带领读者掌握会计工作的脉络和运行规律。

本书严格依据新企业会计基本准则、具体准则及其应用指南编写。我国新企业会计准则自2007年开始实施，由于2010年财政部发布了《中国企业会计准则与国际财务报告准则持续趋同路线图》，后陆续有所变动和修订。本书用通俗的语言阐述了专业的会计理论，能让阅读者更好地理解准则所规范的业务及会计处理工作。

本书由沈阳建筑大学包红霏教授提出框架设计并最后统撰定稿。编写团队由沈阳建筑大学会计学教研室教师组成，他们有着丰富的教育教学经验，能够把教学成果融入教材编写中。本书在编写过程中借鉴并参考了国内外一些已出版和发表的著作与文献，以及专家学者的论述和建议，在此一并表示衷心感谢！

| 目 录 |
CONTENTS

第十一章　会计的得力助手——Excel 软件

第一章

你需要掌握的会计基本术语

　　会计有许多专业术语，如果没有先了解这些基本知识，直接学习会计，就会出现各种理解差错。本章我们就来讲解学习会计必须掌握的基本术语。

第一节　什么是会计

一、会计的产生与发展

会计的产生离不开人类社会生产的发展和经济管理的需要。生产活动既能够创造出物质财富，取得一定的劳动成果，同时也必然会发生劳动耗费，包括人力、物力以及财力的耗费。只有劳动成果多于劳动耗费，才可以进行扩大再生产。因此，需要将劳动成果和劳动耗费进行比较，以便通过管理生产活动提高经济效益。这种记录、计算行为标志着会计思想的出现。会计产生之初并不是一项独立存在的工作，它是生产职能的一个附带部分，是生产活动发展到一定阶段的产物。随着人类社会生产活动的发展，会计工作逐渐成为一项单独工作，并产生了专门从事这一工作的专职人员。

具有独立职能的会计，需要采用比较系统、科学的计量与记录方法。15世纪末，单式簿记方法应运而生并不断发展，这一时期一般被称为古代会计（古代簿记）时期。

1494年，意大利数学家卢卡·帕乔利的《算术、几何、比及比例概要》问世，书中阐述的复式簿记标志着近代会计（近代簿记）的开端。随着复式簿记方法体系和理论体系的建立，会计从特殊的、独立的职能发展成为一种职业。

20世纪50年代，会计在传统职能的基础上又发展了以预测、决策会计为主要内容的管理会计。到目前为止，随着大数据、人工智能、互联网等先进信息技术与会计工作的融合，财务共享服务模式为企业提供了实时、全方位的信息。

二、会计目标

要想学习和掌握会计技能，首先要明确会计的目标是什么，即要明确向哪些使用者提供什么样标准的会计信息。

我国《企业会计准则》中对于会计的目标（财务会计报告的目标）做了明确规定："是向财务会计报告使用者提供与企业财务状况、经营成果和现金流量等有关的会计信息，反映企业管理层受托责任履行情况，有助于财务会计报告使用者做出经济决策。"

上述会计的目标，可以从两个方面理解：第一个方面是"受托责任观"，如资金所有者（委托人）对企业管理层（受托人）是否很好地管理其资金进行评价和考核等。第二个方面是"决策有用观"，如有助于潜在投资者做出投资决策，有助于债权人做出借贷决策等。可以看出，我国《企业会计准则》中规定的会计的目标（财务会计报告的目标）实际上兼容了受托责任观和决策有用观，是一种更高质量的会计目标。

三、会计的含义

中国注册会计师协会组织编写的《会计》教材中给出的会计的定义为："会计是以货币为主要计量单位，反映和监督一个单位经济活动的一种经济管理工作。"对于"会计"一词，可以有不同的理解，可以把它看成一个经济信息系统，即会计是一个由经济业务原始信息输入和通用商业语言信息输出连接而成的信息系统，旨在提供经济活动所需的信息；也可以把会计看成一种通过对经济活动进行规划、组织、控制和指导，来提高经济效果的经济管理方式。此外，随着信息化、国际化的进程，作为国际通用的商业语言，会计的含义也在不断丰富和发展。

本书认为，会计的含义也与会计目标一样，如果基于不同的理论与视角进行归纳和概括，会得出不同的表述。因此，会计的定义具有兼容性。

本书的编写以《企业会计准则》为指导。在美国，企业会计准则由非营利的民间会计组织制定，因为普遍适应性而具有权威性，因此被称为"公认会计原则"。在我国，企业会计准则是由财政部制定并发布实施的，具有法规的权威性。

四、会计的基本特征

根据会计的定义，会计是以货币为主要计量单位进行反映和监督的，而以货币表现的经济活动通常又称为资金运动。因此，会计对象也就是资金运动。

资金运动可分为投入环节、运用环节（即资金循环与周转）和退出环节。以工业企业为例，在一个运用环节（即资金循环与周转）中，又分为供应（或购买）、生产、销售三个环节依次发生，资金形态历经货币资金、储备资金、生产资金、成品资金、结算资金，最后又变成货币资金。

将会计对象进行进一步划分，又分为资产、负债、所有者权益、收入、费用、利润六要素。会计要素的分类及特点将在本章第三节详细展开。把会计要素进行进一步细化就是会计科目，会计科目的相关内容将在第二章详细展开。

站在企业的角度，资金运动是通过一系列交易或者事项来进行的。交易是指单位与其他单位和个人之间发生的价值转移的交换；事项是指在单位内部发生的具有经济影响的交换。

第二节 会计基本假设与会计基础

一、会计基本假设

会计基本假设是从人类长期实践活动中科学总结出来的，是对会计核算内容所处的空间、时间环境而做的合乎逻辑的推断。我国的《企业会计准则——基本准则》（以下简称《准则》）中有以下规定。

（一）会计主体

《准则》规定，企业应当对其本身发生的交易或者事项进行会计确认、计量和报告。通俗地讲，会计主体强调的是"企业本身"这一空间范围和视角，企业本身以外的企业或者老板个人发生的经济行为不是该会计主体所要反映和监督的内容。

【例1-1】假设光明公司销售一批原材料给辉煌公司，光明公司已经把货物发送到辉煌公司仓库，辉煌公司尚未支付货款。请问，以光明公司为会计主体，你如何反映这笔经济业务？

如果把光明公司作为会计主体，只有光明公司本身发生的交易或者事项才能加以确认和计量。与光明公司本身无关的原材料的增加、应付账款的增加，光明公司都不予反映。因此以光明公司为会计主体，一方面增加销售收入，另一方面增加一笔应收账款。

会计主体不同于法律主体。一般而言，作为一个法律主体，企业应当建立会计核算体系，独立反映其财务状况、经营成果和现金流量。通常来说，法律主体必然是一个会计主体，但会计主体不一定是法律主体。比如在企业集团中，一个母公司拥有子公司，母、子公司均为独立的法律主体（也各为一会计主体），为了全面反映这个企业集团的财务状况、经营成果和现金流量，就有必要将该企业集团的财务状况、经营成果和现金流量予以综合反映，这时该集团就为一个会计主体，却不是一个法律主体。

（二）持续经营

《准则》规定，企业会计确认、计量和报告应当以持续经营为前提。一般而言，在可以预见的将来，企业不会面临清算。

【例1-2】一个制造企业，以100万元购买一台使用期限为10年的生产设备的目的是什么？如果现在该企业破产清算，全新的设备用于抵债，设备价值还是100万元吗？

在上例中，如果是在持续经营的前提下，企业取得生产设备时，能够确定是为生产产品、提供劳务、出租或者经营管理而持有的，因此可以按支付的所有价款100万元作为固定资产的账面成本，其磨损的价值，在10年内按一定折旧方法计提折旧，并将其磨损的价值计入成本费用。如果企业面临清算，那么该固定资产只能按当时的公允价值抵偿债务。

持续经营是根据企业发展的一般情况所做的假设，一旦判定企业不符合持续经营的前提，就应当改变会计核算的方法。

（三）会计分期

《准则》规定，企业应当划分会计期间，分期结算账目和编制财务会计报告。会计分期是指将一个企业持续经营的生产经营活动划分为连续、相等的期间，又称为会计期间。会计分期这一前提是持续经营的客观要求，按期编制财务报告，从而及时地向各方面提供有关企业财务状况、经营成果和现金流量的信息。

【例1-3】如果你是光明公司的会计信息使用者，你想了解企业的财务状况和经营成果，那你希望光明公司在整个持续经营期间，是破产清算时给你提供汇总会计信息，还是定期给你提供分期会计信息？哪一种方式更有助于你及时做出相关决策？

在上例中，会计期间一般分为年、季、月。通常的会计期间是一年，按年度编制的财务会计报表也称为年报。在我国，《中华人民共和国会计法》（以下简称《会计法》）规定"会计年度自公历1月1日起至12月31日止"；《企业会计准则》规定"会计期间分为年度和中期，中期是指短于一个完整的会计年度的报告期间"。

此外,《企业会计准则第30号——财务报表列报》规定:判断流动资产、流动负债时所称的一个正常营业周期,通常是指企业从购买用于加工的资产起至实现现金或现金等价物为止的这段时间。正常营业周期通常短于一年,在一年内有几个营业周期。但是,也存在正常营业周期长于一年的情况,如房地产开发企业开发用于出售的房地产产品,造船企业制造的用于对外出售的大型船只等,往往超过一年才能变现、出售或耗用,但仍应划分为流动资产。正常营业周期不能确定时,应当以一年(12个月)作为正常营业周期。

(四)货币计量

《准则》规定,企业会计应当以货币计量。资产和负债计量可以采取不同的计量单位,如数量计量、货币计量等。为了使企业财务状况和经营成果具有可比性,需要货币这样一个统一的计量单位。

【例1-4】在光明公司会计报表中,如果资产有两种计量方式:方式一是500根木料、2台机器设备、3项专利权、3项股权投资;方式二是3 000元的木料、200 000元的机器设备、100 000元的专利权、60 000元的股权投资。你认为哪种计量方式更有利于汇总反映企业财务状况,更有利于对比分析?

在上例中,光明公司会计报表中凡是能够用货币这一尺度计量的,就可以进行汇总反映和对比分析。当然,有些影响企业财务状况和经营成果的因素,并不能用货币计量,比如,企业文化、品牌价值、地理位置、技术开发能力等,企业可以采用一些非货币指标作为会计报表的补充。

对货币计量这一会计前提的具体化,我国《会计法》规定,会计核算以人民币为记账本位币。业务收支以人民币以外的货币为主的单位,可以选定其中一种货币作为记账本位币,但是编报的财务会计报告应当折算为人民币。

二、会计基础

会计基础,即交易与事项的记账基础,是指会计确认、计量和报告的基础,包括权责发生制和收付实现制。由于会计分期的基本假设,产生了本期与非本期的确认,出现了应收、应付、预付、预收的会计处理,在确认收入和费用时，就出现了按照权利、责任发生期归属和按照收款、付款实现期归属两种会计基础：权责发生制和收付实现制。

【例1-5】光明公司8月份收到了辉煌公司5月份所欠的货款7 000元，接下来分别从权责发生制与收付实现制两个角度来分析收入和费用的确认思路。

（一）权责发生制

权责发生制也称应收应付制，是指企业以应收应付为标准来确认收入和费用，即凡归属本期的收入和费用，不论款项是否实际收付，都确认为本期的收入和费用。【例1-5】中，光明公司7 000元的货款尽管是在8月份收到的，但它归属于5月份，故以应收应付为确认标准，在权责发生制下，应将7 000元确认为该公司5月份的收入。

（二）收付实现制

收付实现制也称实收实付制，是指企业以实收实付作为标准来确认本期的收入和费用，即凡是本期实际收到款项的收入和付出款项的费用，不论款项是否归属于本期，都确认为本期的收入和费用。在【例1-5】中，因为光明公司实际收到款项的时间是在8月份，所以在收付实现制下7 000元应确认为该公司8月份的收入。

我国《企业会计准则——基本准则》规定，企业应当以权责发生制为基础进行会计确认、计量和报告。在我国现行财务报告体系中，资产负债表和利润表都是以权责发生制为基础，反映了企业的财务状况和经营成果。为了弥补权责发生制信息的局限性，现金流量表是以收付实现制为基础的，它向投资者和债权人提供了一套比较完整的现金流量资料，以帮助报告使用者更好地评价企业盈利情况。

第三节　会计确认——解决定性问题

会计确认有狭义和广义之分。一般来说，会计确认主要解决交易或者事项"应否确认、何时确认、如何确认"三个问题。狭义的会计确认是解决交易或者事项是否要对其进行会计核算，如果要反映，应在哪一类项目中核算，即"应否确认、何时确认"两个问题。如果加上第三个问题"如何确认"，则表达的是广义的会计确认。

本节主要探讨会计确认中首先要解决的定性问题，即企业应当按照交易或者事项的经济特征确定会计要素，会计要素是对会计对象进行的基本分类。我国《企业会计准则》中规定的会计要素有六个：资产、负债、所有者权益、收入、费用和利润。资产、负债、所有者权益称为静态要素，收入、费用和利润称为动态要素。同时，在《企业会计准则——基本准则》第十一条中要求，"企业应当采用借贷记账法记账"。

一、资产

资产是指企业过去的交易或事项形成的、由企业拥有或控制的、预期会给企业带来经济利益的资源。

根据企业会计准则，资产有如下特点：第一，"前款所指的企业过去的交易或者事项包括购买、生产、建造行为或其他交易或者事项。预期在未来发生的交易或者事项不形成资产"，如计划购入的机器设备等。第二，"由企业拥有或者控制，是指企业享有某项资源的所有权，或者虽然不享有某项资源的所有权，但该资源能被企业所控制"，如融资性租入固定资产。第三，"预期会给企业带来经济利益，是指直接或者间接导致现金和现金等价物流入企业的潜力"，如厂房设备、原材料等可以用于制造商品或提供劳务，出售取得的货款即为给企业带来的经济利益。

符合《企业会计准则》中规定的资产定义的资源，在同时满足以下条件时，确认为资产：①与该资源有关的经济利益很可能流入企业；②该资源的成本或者价值能够可靠地计量。符合资产定义和资产确认条件的项目，应当列入资产负债表；符合资产定义，但不符合资产确认条件的项目，不应当列入资产负债表。

我国的资产负债表对资产按流动性分类和列示。流动资产是指那些在一年或者超过一年的一个营业周期内变现的资产，如应收账款、存货等。固定资产、无形资产的变现周期往往在一年以上，所以称为非流动资产。

二、负债

负债是指企业过去的交易或者事项形成的、预期会导致经济利益流出企业的现时义务。如果把资产理解为企业的权利，那么负债就可以理解为企业所承担的义务。

根据《企业会计准则》，负债具有如下特点：第一，负债是由于过去的交易或事项形成的。企业将来发生的承诺、签订的合同等交易或者事项，还没发生实际交易，不形成负债。第二，负债是现时义务。现时义务是指企业在现行条件下已承担的义务。未来发生的交易或者事项形成的义务，不属于现时义务，不应当确认为负债。第三，负债预期会导致经济利益流出企业。一般来说，企业履行偿还义务时，如支付现金、提供劳务、将负债转为资本等，会导致经济利益流出企业，同时，未来流出的经济利益的金额能够可靠计量。

符合《企业会计准则》规定的负债定义的义务，在同时满足以下条件时，确认为负债：①与该义务有关的经济利益很可能流出企业；②未来流出的经济利益的金额能够可靠地计量。符合负债定义和负债确认条件的项目，应当列入资产负债表；符合负债定义，但不符合负债确认条件的项目，不应列入资产负债表。

我国资产负债表按偿还期限的长短，将负债分为流动负债和非流动负债。预期在一年或一个经营周期内到期清偿的债务属于流动负债，如预收账款、短期借款等。应付债券、长期应付款的偿还期在一年以上，即为非流动负债。

三、所有者权益

所有者权益是指企业资产扣除负债后由所有者享有的剩余权益，又称为净资产。公司的所有者权益又称为股东权益。

所有者权益的来源包括所有者投入的资本、直接计入所有者权益的利得和损失（其他综合收益）、留存收益等。所有者投入的资本是指所有者投入企业的资本部分，对应注册资本或者股本的部分计入实收资本（或股本）；超过注册资本或者股本的部分，即资本溢价或者股本溢价计入资本公积。直接计入所有者权益的利得和损失，是指不应计入当期损益、会导致所有者权益发生增减变动的、与所有者投入资本或者向所有者分配利润无关的利得或者损失。其中，利得是指由企业非日常活动所形成的、会导致所有者权益增加的、与所有者投入资本无关的经济利益的流入；损失是指由企业非日常活动所发生的、会导致所有者权益减少的、与向所有者分配利润无关的经济利益的流出。

所有者权益是指企业资产扣除负债后的剩余权益，因此，所有者权益金额取决于资产和负债的计量，所有者权益项目应当列入资产负债表。例如，企业接受投资者投入的存货，在该存货符合企业资产确认条件时，则实收资本就符合确认条件；当该存货的价值能够可靠计量时，实收资本的金额也就可以计量。

综合资产、负债、所有者权益三个与某一时间存量有关的静态要素，我们需要了解的是，资产是企业资金的占用，从另一个角度看企业资金的来源包括债权人借入和所有者直接投入两个方面。资金向债权人借入，形成企业负债；资金由所有者投入，形成所有者权益。而资金来源和资金运用是同一资金的两个方面，那么必然有资金占用的总额等于资金来源的总额，这一基本原理是建立复式记账和进行平衡试算的理论基础。

四、收入

收入是企业在日常活动中形成的、会导致所有者权益增加的、与所有者投入资本无关的经济利益的总流入。

根据收入的定义，确认收入的条件是：收入只有在经济利益很可能流入从而导致企业资产增加或者负债减少，且经济利益的流入金额能够可靠计量时才能予以确认。符合收入定义和收入确认条件的项目，应当列入利润表。

五、费用

费用是指企业在日常活动中发生的、会导致所有者权益减少的、与向所有者分配利润无关的经济利益的总流出。企业生产产品、提供劳务等时发生的可归属于产品成本、劳务成本等的费用，应当在确认产品销售收入、劳务收入等时，将已销售产品、已提供劳务的成本等计入当期损益。

根据费用的定义，确认费用的条件是：费用只有在经济利益很可能流出从而导致企业资产减少或者负债增加，且经济利益的流出额能够可靠计量时才能予以确认。符合费用定义和费用确认条件的项目，应当列入利润表。

六、利润

利润是指企业在一定会计期间的经营成果。利润包括收入减去费用后的净额、直接计入当期利润的利得和损失等。直接计入当期利润的利得和损失，是指应当计入当期损益最终会引起所有者权益发生增减变动的、与所有者投入资本或者向所有者分配利润无关的利得或者损失。

其中收入减去费用后的净额反映的是企业经常性损益，直接计入当期利润的利得和损失反映的是企业非经常性损益。企业应当严格区分收入和利得、费用和损失之间的区别，以更加准确地反映企业的损益构成与来源。同时我们也能看出，利润的确认主要依赖收入和费用以及直接计入当期利润的利得和损失的确认，其金额的确定也主要取决于收入、费用、直接计入当期利润的利得和损失金额的计量。

综上所述，收入、费用及利润能够反映企业在某一个期间的经营成果，这三个要素属于动态要素。

会计要素整体来看，不能忽视的是利得和损失的存在。我国现行《企业会计准则》下的利得和损失有两个去向，分别影响所有者权益和利润的增减变动。一部分利得和损失直接计入所有者权益，另一部分利得和损失直接计入利润，会对企业当期的盈余公积和未分配利润产生影响，最终影响所有者权益总额。

第四节　会计计量——解决定量问题

如前所述，狭义的会计确认主要解决定性问题，即"是什么"。企业在将符合确认条件的会计要素登记入账并列报于会计报表及其附注（又称财务报表）时，应当按照规定的会计计量属性进行计量，确定其金额，即入账金额"是多少"。在实际运用时，会计确认与计量必须同步进行，缺一不可。

会计计量由计量单位和计量属性构成，形成了不同的计量模式。

一、会计计量单位

正如在会计假设中所阐述的那样，会计应该坚持货币计量假设，以货币作为计量单位。通常以币值稳定为基本假设，但在持续通货膨胀的情况下，就需要使用物价变动会计。

二、会计计量属性

《企业会计准则——基本准则》第42条规定，会计计量属性主要包括：

1. 历史成本

在历史成本计量属性下，资产按照购置时支付的现金或者现金等价物的金额，或者按照购置资产时所付出的对价的公允价值计量。负债按照因承担现时义务而实际收到的款项或资产的金额，或者承担现时义务的合同金额，或者按照日常活动中为偿还负债预期需要支付的现金或者现金等价物的金额计量。

2. 重置成本（又称现行成本）

在重置成本计量属性下，资产按照现在购买相同或者相似资产所需要支付的现金或者现金等价物的金额计量。负债按照现在偿付该项债务所需支付的现金或者现金等价物的金额计量。

3. 可变现净值

可变现净值计量属性下，资产按照其正常对外销售所能收到现金或者现金等价物的金额扣减该资产至完工时估计将要发生的成本、估计的销售费用以及相关税费后的金额计量。

4. 现值

在现值计量属性下，资产按照预计从其持续使用和最终处置中所产生的未来净现金流入量的折现金额计量。负债按照预计期限内需要偿还的未来净现金流出量的折现金额计量。

5. 公允价值

在公允价值计量属性下，资产和负债按照市场参与者在计量日发生的有序交易中，出售资产所能收到或者转移负债所需支付的价格计量。市场参与者是指在相关资产或负债的主要市场（或最有利市场）中，同时具备下列特征的买方和卖方：市场参与者应当相互独立，不存在《企业会计准则第36号——关联方披露》中所述的关联方关系；市场参与者应当熟悉情况，能够根据可取得的信息对相关资产或负债以及交易具备合理认知；市场参与者应当有能力并自愿进行相关资产或负债的交易。有序交易是指在计量日前一段时期内相关资产或负债具有惯常市场活动的交易。

从广义上看，以购置时市场价格为基础形成的历史成本（历史买入价）、由现在市场价格为基础形成的现行成本（现行买入价）、在现行市价的基础上扣除未来发生的成本形成的可变现净值（结算价值）都属于公允价值。但目前都把公允价值定性为一种狭义的计量属性，而且同样是采用公允价值，有时称为公允价值模式（如投资性房地产准则），有时称为后续计量（如交易性金融资产）。当公允价值计量与历史成本等其他计量属性并列时，指从产出的角度锁定市场交易的脱手价格的狭义定义。

如何更好地理解这些计量属性的定义？以资产为例，不考虑相关费用时实际上可以这样理解：在某一个时点上对资产进行计量时，历史成本是该资产原来取得时点上所付出的对价的广义公允价值；重置成本是该资产现在取得时点上所需支付的广义公允价值；可变现净值是现在时点上正常出售该资产的广义公允价值；现值是现在时点上不重新购买，也不出售，继续持有会带来的经济利益的公允价值；狭义公允价值是在任何时候只要发生有序交易时，出售资产所收到或转移负债所付出的价格，如表1-1所示。

表 1-1 对五种计量属性的理解

计量属性	时态	交易类型	交易性质	适用范围
历史成本	过去	购买	实际	初始计量
重置成本	现在	购买	假设	初始计量（历史成本的替代）
可变现净值	现在、未来	出售	假设	流动资产的期末计量
现值	现在、未来	出售	假设	非流动资产的期末计量
公允价值	现在	出售	假设	金融资产的期末计量

从表1-1可知，五种会计计量属性各有其优缺点，单纯地选择某一种计量属性不可能始终使会计信息如《企业会计准则》要求的那样准确、真实、相关。尽管我国《企业会计准则》规定"企业在对会计要素进行计量时，一般应当采用历史成本，采用重置成本、可变现净值、现值、公允价值计量的，应当保证所确定的会计要素金额能够取得并可靠计量"，但随着经济的发展，报表使用者对会计信息质量提出了更高的要求，历史成本计量下提供的会计信息可靠性较强但相关性较弱，为了更好地满足信息使用者的决策需要，这时其他计量属性就起到了补充的作用。

第五节　会计报告——解决信息体现问题

一、会计报告

会计报告（又称财务会计报告），是指企业对外提供的反映企业某一特定日期的财务状况和某一会计期间的经营成果、现金流量等的会计信息的文件。

财务会计报告包括会计报表及其附注和其他应当在财务会计报告中披露的相关信息和资料。会计报表至少应当包括资产负债表、利润表、现金流量表等报表。小企业编制的会计报表可以不包括现金流量表。资产负债表是指反映企业在某一特定日期的财务状况的会计报表；利润表是指反映企业在一定会计期间的经营成果的会计报表；现金流量表是指反映企业在一定会计期间的现金和现金等价物流入和流出的会计报表；附注是指对在会计报表中列示项目所做的进一步说明，以及对未能在这些报表中列示项目的说明等。

在会计核算方法体系中，填制和审核凭证、登记账簿及编制会计报表是整个会计核算方法体系的中心环节，本书从第二章到第七章，是按照会计循环的具体内容依次展开的，其中会计报告是会计循环的最终成果，这也标志着一个会计期间的会计核算工作程序的结束，然后按照同样的程序开始下一个会计期间的核算工作，周而复始地进行循环。

二、财务报告的使用者

财务报告的使用者主要包括投资者、债权人、企业管理者、政府及有关部门和社会公众等。具体如下：

（1）投资者是企业财务报告的首要使用者。在会计信息的众多使用者中，最主要的使用者是投资者。在提供财务报告时，应首先考虑报告所涵盖的信息是否有利于投资者的决策。

（2）作为债权人的银行或其他金融机构以及向企业提供商品或劳务的供应商等，可以根据财务报告分析企业的偿债能力，衡量贷款风险，做出贷款决策。

（3）企业管理者的目标在于通过企业的生产经营活动获得盈利，以确保企业的生存与发展，实现企业价值最大化或股东财富最大化。

（4）政府及有关部门需要通过会计信息来监管企业的经济活动，使宏观决策所依据的信息真实可靠。

（5）社会公众可以根据财务报告了解企业产品情况、企业在同行业中所处的地位、未来发展趋势，监督企业的生产经营活动，保护自身合法权益。

第六节　会计核算的八大原则

　　企业通过财务会计报告披露相关会计信息，而会计信息质量要求是企业所提供的会计信息的质量标准。根据我国《企业会计准则——基本准则》的规定，会计信息质量要求包括以下八项：可靠性、相关性、可理解性、可比性、实质重于形式、重要性、谨慎性、及时性。本书形象地将八项会计信息质量要求称为会计核算的八大原则。其中，可靠性与相关性居于会计信息质量要求的前两位，可靠性充分体现了受托责任观的目标，相关性充分体现了决策有用观的目标。

一、可靠性原则

　　企业应当以实际发生的交易或者事项为依据进行会计确认、计量和报告，如实反映符合确认和计量要求的各项会计要素及其他相关信息，保证会计信息真实可靠，内容完整。

　　这一原则包括两层含义：一是会计核算以实际发生的交易或事项为依据；二是会计处理时应保持客观，得出具有可检验性的会计信息。历史成本计量属性因为具有"可验证"的可靠性而一直在我国会计准则中排在首位。

二、相关性原则

　　企业提供的会计信息应当与财务会计报告使用者的经济决策需要相关，有助于财务会计报告使用者对企业过去、现在或者未来的情况做出评价或者预测。

　　根据相关性原则，企业应当充分考虑会计信息使用者决策的各种需要，满足各方面具有共性的信息需求。对于特定用途的需求，可以采取财务报告之外的其他形式加以满足。

三、可理解性原则

企业提供的会计信息应当清晰明了，便于财务会计报告使用者理解和使用。

可理解性是决策有用观的前提条件，是影响有用性的关键因素。可理解性要求企业提供的会计信息必须保持明晰性，符合会计信息使用者的理解能力和使用者的决策类型。

四、可比性原则

企业提供的会计信息应当具有可比性。同一企业不同时期发生的相同或者相似的交易或者事项，应当采用一致的会计政策，不得随意变更。确需变更的，应当在附注中说明。不同企业发生的相同或者相似的交易或者事项，应当采用规定的会计政策，确保会计信息口径一致，相互可比。

这里的可比性主要包括两个方面：一是要求横向可比。应当采用国家统一的会计规定（如企业会计准则、应用指南、解释等），不同行业、不同地区企业之间的会计信息口径一致，相互可比。二是要求纵向可比。即同一企业不同时期发生的相同或相似的交易或事项，应当采用一致的会计政策，不得随意改变。如果确有必要变更（符合规定或者变更后会计信息质量更好），应当将变更情况、变更原因及其对企业财务状况和经营成果的影响在财务会计报告附注中说明。

五、实质重于形式原则

这是指企业应当按照交易或事项的经济实质进行会计确认、计量和报告，而不应仅以交易或事项的法律形式作为依据。

该原则中的"形式"是指法律形式，实质指经济实质。比如，我国《企业会计准则》中规定，财务报表的合并范围应当以控制为基础来确定，该基础就是强调"实质重于形式"原则，要求所有母公司能够控制的子公司均应纳入合并范围，而不一定严格考虑股权比例。

六、重要性原则

这是指企业提供的会计信息应当反映与企业财务状况、经营成果和现金流量等有关的所有重要交易或事项。

重要性原则与相关性原则都受会计目标的影响，信息使用者需要了解（相关性原则）的信息大多是重要的信息，应该予以披露。重要性原则与可靠性原则也密切相关，但重要性原则强调不能遗漏和错报重要信息。因此，重要性原则在会计实务中能起到普遍的约束作用。

重要性原则的运用，很大程度上取决于会计人员的职业判断。常见的重要性判断标准主要有定性标准和定量标准：定性标准是用定性方式判断重要性；定量标准就是以具体的数量指标判断项目是否重要。这两个标准通俗而言就是从项目的性质和金额大小两方面加以判断。

七、谨慎性原则

企业对交易或者事项进行会计确认、计量和报告应当保持应有的谨慎，不应高估资产或者收益，低估负债或者费用。

谨慎性原则是受托责任观的表现，也体现了对历史成本的修正。会计存在不确定性，一是会计信息一般都与预期在未来持续存在的实体有关；二是会计要素确认和计量中的估计和判断的存在。因此受托人需要实施谨慎性原则，对存在的风险加以合理估计，有利于保护所有者和债权人的利益。

八、及时性原则

这是指企业对于已经发生的交易或事项，应当及时进行会计确认、计量和报告，不得提前或延后。

　　会计信息具有时效性，为了满足信息使用者经济决策的及时需要，会计分期划分了持续经营的时间段，解决了持续经营和及时提供会计信息的矛盾，在此原则下企业需要及时收集、处理和传递会计信息。

第二章

认识会计对象的分类——设置会计科目与账户

在第一章中我们已经了解了会计要素是对会计对象进行的基本分类，在本章我们将重点厘清资金运动（会计对象）、会计要素、会计等式、会计科目、会计账户之间的相互关系。

第一节　会计等式

　　会计的对象可称为资金运动，在实务中每发生一笔经济业务，都可以最终概括为一个资金运动过程。资金运动过程会涉及相关的会计要素，从而使全部资金运动所涉及的会计要素之间存在一定的相互联系，可以通过数学公式来描述会计要素之间的这种内在关系。这种表现会计要素之间基本关系的数学公式称为会计等式。会计等式又称会计平衡公式或会计方程，利用数学方程概括地表达各会计要素之间的内在经济关系。

一、静态会计等式

　　在资金流动的静态条件下，资产、负债和所有者权益之间存在着一种平衡关系。可以假定，向企业提供其资本的债权人和投资者对企业使用这些资本所获得的各种资产享有权益。由此可见，资产与权益是相互依存的。如果有一定数量的资产，就必须有相应数量的权益。反之亦然，由此得出：

　　资产=权益

　　资产=债权人权益+投资者权益

　　资产=负债+所有者权益　　　（式2-1）

　　上述等式不仅是资金平衡的理论基础，也是建立账户、复式记账和编制资产负债表的理论基础。在会计学中也称为基本会计等式。

二、动态会计等式

　　在企业生产过程中不仅存在会引起资产、负债和所有者权益要素增减变化的经济业务，也存在取得收入，以及因取得收入而发生的相应费用。收入和费用相配比，两者的差额就是企业的经营成果。收入大于费用的部分就是企业的利润，反之则为亏损。收入、费用和利润三者之间的关系如下：

收入−费用=利润　　（式2−2）

严格地说，式2−2，并不是一定成立的等式。按照收入和费用的定义及构成，收入减去费用之后的差额，只是企业日常经营活动所形成的利润。而按照利润的定义及构成，企业的利润除了企业日常活动所形成的利润，还包括企业非日常活动所形成的"利润"。这部分特殊的"利润"在现行会计准则下是以利得和损失的形式存在，与企业日常活动所形成的利润一起构成完整意义上的利润。重新考虑利得和损失后，对式2−2进行修正，即：收入−费用+利得−损失=利润。通过第一章的学习可知，实际上只有部分利得和损失会影响企业利润，所以本节内容中需要将这部分影响企业利润的利得和损失分离出来，因此现行企业会计准则下式2−2应为：

收入−费用+计入利润的利得−计入利润的损失=利润　　（式2−3）

上式是反映企业在一个会计期间内最终经营成果的等式。它表明，从动态角度看，某一期间的利润是已实现收入减去费用的差额，所以称其为动态会计等式，也可以称为经营成果等式。它是企业编制利润表的基础。

三、综合会计等式

综合会计等式最终反映了在收入、费用发生后，会计基础的六个要素间的平衡关系，综合体现了企业在期初、期末某一时点上的财务状况和企业在特定期间的经营成果，反映了静态会计等式和动态会计等式的结合。考虑到资本投入和股利分配对所有者权益期初、期末变化的影响，引入利得、损失后的综合会计等式为：

期末资产=期末负债+期初所有者权益+［资本投入+（收入−费用+计入利润的利得−计入利润的损失）−利润分配］　　（式2−4）

综合会计等式既包括动态要素，也包括静态要素，综合反映了相关要素的静态存量与动态流动存量之间的内在逻辑关系，可以视为现金流量表和所有者权益变动表的理论基础。

四、会计恒等式

由上面的分析可知，式2-1反映了资金存量的总体状况，即企业经营活动中某一时刻的情况；而式2-2、式2-3反映的是企业经营中资金的运动情况，资产在运作取得收入后便转化为费用，收入减费用即为利润，而利润作为一项资产归集到期末，于是便得到了式2-4，当利润分配完成后又回到式2-1。因此，无论会计六要素之间如何转变，最终结果都归为资产=负债+所有者权益。

按照不同经济业务活动对公司财务状况等式的影响，可以分为以下9种不同的经济业务类型：

（1）一项资产增加，另一项资产等额减少。

（2）一项资产增加，一项负债等额增加。

（3）一项资产增加，一项所有者权益等额增加。

（4）一项资产减少，一项负债等额减少。

（5）一项资产减少，一项所有者权益等额减少。

（6）一项负债增加，另一项负债等额减少。

（7）一项负债增加，一项所有者权益等额减少。

（8）一项所有者权益增加，一项负债等额减少。

（9）一项所有者权益增加，另一项所有者权益等额减少。

【例2-1】假设光明公司在2018年12月31日时，资产总额为360 000元，负债总额为60 000元，所有者权益总额为300 000元。光明公司于次年1月发生的各项经济业务如下：

（1）会计张明为备发职工工资在银行提取现金7 000元。

分析：此项业务使资产中的"库存现金"增加了7 000元，同时资产中的"银行存款"减少了7 000元，对应上述第1种业务类型。

（2）从辉煌公司购入货款为4 000元的原材料一批，原材料已经验收入库，但货款尚未支付。

分析：此项业务，一方面使资产中的"原材料"增加了4000元，另一方面使负债中的"应付账款"增加了4 000元，对应上述第2种业务类型。

（3）大地公司投入资金600 000元，相关资金直接存入银行。

分析：此项业务使资产中的"银行存款"增加了600 000元，同时所有者权益中的"实收资本"增加了600 000元，对应上述第3种业务类型。

（4）支付前欠辉煌公司的原材料货款4 000元，通过银行转账的方式。

分析：此项业务使资产中的"银行存款"减少了4 000元，同时负债中的"应付账款"减少了4 000元，对应上述第4种业务类型。

（5）经批准后，投资人王檬撤回在辉煌公司投入的资金90 000元，该款项已使用银行存款支付。

分析：此项业务使资产中的"银行存款"减少了90 000元，同时使所有者权益中的"实收资本"减少了90 000元，对应上述第5种业务类型。

（6）在银行借入短期借款5 000元，归还到期的商业汇票。

分析：此项业务使负债中的"短期借款"增加了5 000元，同时使负债中的"应付票据"减少了5 000元，对应上述第6种业务类型。

（7）光明公司计提应付给投资者的利润40 000元。

分析：此项业务使负债中的"应付股利"增加了40 000元，同时所有者权益中的"利润分配——未分配利润"减少了40 000元，对应上述第7种业务类型。

（8）投资者王明代替光明公司偿付7 000元所欠外单位的货款，作为追加投资。

分析：此项业务使所有者权益中的"实收资本"增加了7 000元，同时使负债中"应付账款"减少了7 000元，对应上述第8种业务类型。

（9）公司董事会决议在盈余公积中提取60 000元转增资本。

分析：此项业务使所有者权益中的"实收资本"增加了60 000元，同时使所有者权益中的"盈余公积"减少了60 000元，对应上述第9种业务类型。

上述9笔经济业务恰好反映了之前的九种业务类型，这说明，任何经济业务的发生都不会打破"资产=负债+所有者权益"这一会计恒等式。

第二节 会计科目

一、会计科目的含义与分类

（一）会计科目的含义

会计科目是对会计要素的具体内容进行分类的项目或名称。举例如下：生产车间的机器设备、行政部门的交通运输工具、厂房等一系列使用时间较长、单位价值高、实物形态较为稳定的都可将其划为一类，设立"固定资产"会计科目；而生产车间原材料的耗费、支付给管理人员的薪酬工资则有间接成本的共同之处，可根据其特点划分为间接费用，并设立"制造费用"会计科目进行核算；在企业经营中难免在经济业务中需要零星支付，企业应将钞票、硬币（人民币或其他货币）存放在保险箱中备用。鉴于管理上较为严格、流动性高的特点，可将其划为同一类，并设立"库存现金"这一会计科目进行后续会计核算。

但是，应该指出的是，实际生产经营中的业务并不像上述业务一样简单，通常而言，即便业务中只是一个会计元素，也会反映具有不同性质和内容的会计对象。实际上只以会计要素这一种单一方式作为会计核算的分类标准，无法适应会计信息使用者的相关需求。比如将一笔现金存入银行，简单来说属于资产这一要素内部的一减一增，在计量时需要反映企业库存现金的减少和银行存款的增加。由此可见，若要达到全面、系统地记录和监督企业生产经营中的经济活动，需要进一步细分会计要素。会计科目即是会计要素进行细分后，需要具体命名名称的内容。

（二）会计科目的分类

1. 按所反映的经济内容分类

如果根据反映的经济内容划分，会计科目可以简单地分为下述六个大类科目：资产类、负债类、共同类、所有者权益类、成本类和损益类。

（1）资产类科目。资产类科目是指资产要素具体内容的会计科目，可进一步细分为流动资产和非流动资产。具体而言，属于流动资产的科目有"库存现金""银行存款""原材料""库存商品""应收账款"等；属于非流动资产的科目有"固定资产""无形资产"等。

（2）负债类科目。负债类科目是指负债要素具体内容的会计科目，可进一步细分为流动负债和非流动负债。具体而言，属于流动负债的科目有"短期借款""应付账款""应交税费""应付职工薪酬""预收账款"等；属于非流动负债的科目有"长期借款""长期应付款"等。

（3）共同类科目。共同类科目是指既有资产性质，又有负债性质的科目。共同类科目一般多为金融、保险、投资、基金等公司使用，包括"清算资金往来""货币兑换""衍生工具""套期工具"和"被套期项目"。

（4）所有者权益类科目。所有者权益类科目是指所有者权益要素具体内容的会计科目。反映资本的科目有"实收资本"和"资本公积"；反映留存收益的科目有"盈余公积""本年利润"和"利润分配"。

（5）成本类科目。成本类科目是指企业经济业务活动中所发生的可用货币资金表现的各项损耗的会计科目。反映直接成本的科目有"生产成本"和"研发支出"等；反映间接成本的科目有"制造费用"等。

（6）损益类科目。损益类科目是指企业在一定经营期间内取得的各项收入和发生的各项费用的科目。反映收入的科目有"主营业务收入""其他业务收入"等；反映费用的科目有"主营业务成本""其他业务成本""管理费用""财务费用"等。

《企业会计准则——应用指南》为我国企业会计提供了标准的会计科目指引。其中每一项会计科目都有具体的编号，用以登记会计账册和查阅会计账簿。这一统一标准的确立为会计电算化和会计现代化提供了基本条件。根据第一位数字的不同，可以区分不同的会计要素：资产类"1"，负债类"2"，共同类"3"，成本类"5"，损益类"6"；根据第二个数字可以区别六大要素下的不同的小类别，举例如下：在六要素的资产类科目中"0"指的是货币资金类，"6"表示固定资产类。

2. 按所提供信息的详细程度分类

如果根据提供信息的详细程度不同进行划分，会计科目可以分为总分类科目和明细分类科目。

（1）总分类科目。总分类科目又称总账科目或者一级科目，即对会计要素的具体内容进行总分类，提供总括信息的会计科目，是总分类科目结算的依据。总分类科目由财政部统一制定，以会计核算制度的形式发布实施。企业会计科目表所列会计科目都是总分类科目。

（2）明细分类科目。明细分类科目又称明细科目，是对会计要素的具体内容进行更为详尽细致的分类的核算科目。企业可以在总分类科目下，根据本单位的实际情况和管理工作的需要自行设置明细科目。当总分类科目下设置过多明细科目时，也可以在总分类科目中根据实际需要设置多级明细科目。明细科目一般分为两级，即二级明细（子目）和三级明细（细目）。总分类科目、二级科目和三级科目共同对某类会计要素的相关内容进行分类核算，两者的关系是前者统驭和控制后者，后者是对前者的补充和说明。

二、会计科目的设置

会计主体根据企业经营特点合理设置会计科目，并将所有经济业务的内容按照会计要素的要求进行合理分类，是进行具体会计核算的基本条件。会计主体在设置会计科目前，首先应符合主管部门要求，其次应根据企业实际情况和经济业务需求具体考虑，要保持会计科目的统一性，保证其在会计期间的相对稳定性，同时兼顾其灵活性。

1. 符合国家的相关规定

设置会计科目体系时，不得违背《企业会计准则》《企业会计制度》的相关规定。

2. 符合企业的实际情况

设置会计科目应综合考虑单位自身的内部情况，灵活设置会计科目，基本要求就是反映本单位的业务特点。生产性企业要设置"生产成本""制造费用"

等核算产品制造过程的会计科目。相比较而言，销售企业无须设置"生产成本"等科目，应根据实际业务设置"销售费用"等科目。

3. 简单精确，内容完整

首先科目设置要适当，避免增加不必要的工作量。过分细致一方面不利于获取分类数据资料，另一方面也无法反映会计信息使用者的需要。其次会计科目的名称应简单精确，避免重复。

4. 相对稳定

企业设置的会计科目应保持相对稳定，为宏观、微观管理信息的综合比较分析提供保障。

第三节 会计账户

一、会计账户的概念

会计科目是分类会计对象的具体内容（会计要素）的项目或名称。为能够对各经济业务产生的会计要素增减变动情况及其变化结果进行全面、连续、系统、准确地反映和监督，需要设置会计科目来反映企业经营管理者所需的会计信息。为达到上述目的需要设置能够核算指标的具体数字资料的某种方法或手段。因此，应根据实际情况按照会计科目开设具有一定格式、能够连续记录经济业务内容的会计账户。严格意义上说，设置会计账户是一种专门的会计核算方法，它系统地把各种生产、销售等业务的发生及其引起的资产、负债、所有者权益、收入、费用以及利润各要素的变化，分门别类地进行核算。

会计科目和账户是两个既有区别又有联系的概念。其共同点是，会计科目是设立会计账户的基础依据，是会计账户的名称；会计账户是会计科目的具体运用，是会计科目所反映的经济内容，即应在会计账户上登记的内容。两者的区别是，会计科目只是对会计要素具体内容进行的分类，没有其自身的结构；而会计账户有相应的结构，其作为一种核算方法，可以具体反映资金的运用情况，会计账户的明细内容要比会计科目丰富。

二、账户的结构和内容

从本质上说账户是用来记录经济业务的，其特点是具备一定的结构和内容。企业经济业务的发生会导致会计核算的对象在数量上发生增减变化，并由此产生不同的结果。因此，分类记录经济业务的账户应首先确定账户的基本结构，解决好增减变动后的结果记录在什么地方的问题。

使用不同记账方法账户的结构是不同的，即使采用同样的记账方法，不同性质的账户其具体结构也是不同的。但无论使用哪种记账方法，哪种性质的账户，其基本结构总是一样的。

第一，所有的账户一般分为左、右两个方面。各方根据经济业务的实际需要分为若干栏，将经济业务及其会计要素的增加、减少分类登记，以表示增减变动的结果。在设置账户的格式时需要的内容有：①账户名称，即会计科目；②日期和摘要，即经济业务发生的时间和内容；③凭证号数，即账户记录的来源和依据；④增加和减少的金额；⑤余额。

以借贷记账法下账户结构为例来说明账户结构，具体如图2-1所示。

会计科目（账户名称）

日期	凭证号数	摘要	借方	贷方	余额

图 2-1　借贷记账法下账户结构

注：借贷记账法下，以借或贷来表示余额增加或减少的方向。

第二，账户双方反向记录增减额。即若在左侧记录增加额，应在右侧记录减少额。相反，如果在右侧记录增加额，则应在左侧记录减少额。具体账户的左、右两个方向中，哪一方记录增加或减少金额取决于账户所记录的经济内容和所采用的记账方法。账户的余额一般与记录的增加额在同一个方向。

第三，账户中所记录的内容需要符合"本期期末余额=期初余额+本期增加额-本期减少额"这一恒等关系式。

本期增加额和减少额是指在一定会计期间内（月、季或年），账户在左、右两方分别登记的增加金额合计数和减少金额合计数，又可以将其称为本期增加发生额和本期减少发生额。本期增加发生额和本期减少发生额相抵后的差额，就是本期期末余额。如果将本期的期末余额转入下一期，就是下一期的期初余额。

在相关书籍中经常采用简化格式丁字账来说明账户结构。这时，账户就省略了有关栏次。丁字账的格式如图2-2所示。

左方　　　　　账户名称（会计科目）　　　　右方

期初余额：a+b−c−d
增加额：a　增加额：b　　　　　　　　减少额：c　减少额：d
本期增加发生额：a+b　　　　　　　　本期减少发生额：c+d
期末余额：a+b−c−d

图 2-2　丁字账的格式

注：如属费用、成本账户或收入、利润账户，在通常情况下，期末没有余额。

三、总分类账和明细分类账

账户与会计科目既有密切联系，又有区别，二者的联系主要表现在以下两个方面：

第一，它们所反映的经济内容是一致的。例如，"应收账款"科目与"应收账款"账户都表示的是向赊销的公司应收取的款项。

第二，会计科目是账户设置的基础和依据，账户的名称是会计科目的名称，账户的级次也是由会计科目的级次决定的。

而二者的区别主要表现在：

第一，会计科目只能解释反映的经济内容，但账户不单具有这一个功能，它还可以记录经济业务发生的情况和结果。

第二，会计科目无结构，账户有一定的结构和格式，可以系统地记录所发生的经济业务。

第三章

会计的记账方法——复式记账

    会计记账的方法与内容取决于其所记录的对象，在第二章我们已经对会计对象进行了深入的分析并有了正确的认识，本章将讲解构成企业经济活动的各种交易或事项的原貌及规律，进而探寻会计复式记账的原理。

第一节 如何运用借贷记账法记账

记账方法，就是账簿登记经济业务的方法，即根据一定的记账原则、记账符号、记账规则，采用一定的计量单位，利用文字和数字把经济业务记到账簿中的一种专门方法。记账方法按记录方式不同，分为单式记账法和复式记账法。

一、单式记账法

会计产生后，最初采用的记账方法是单式记账法。所谓单式记账法，是指对所有发生的经济业务只登记在一个账户上的记账方法。通常来说，单式记账法只记录现金、银行存款和应收、应付等往来账项，通常不记录收入来源和费用支出用途。

【例3-1】光明公司购买了一批原材料，使用现金支付5 000元。现已经验收入库。该项经济业务发生后，仅在"库存现金"中记录了5 000元的支出，但有关原材料验收入库的业务内容却没有记录或反映在账户中。

因此仅凭会计记录，只看到现金减少，而无法得知这笔钱被用在了何处。单式记账法的显著缺陷就是只能反映经济业务的一个侧面，无法系统地反映全貌。而且，账户与账户之间也没有必然的内在联系或者相互对应的均衡关系。因此，单式记账法不利于检查账簿记录的准确性。基于此，我国企业不采用单式记账法，其仅适用于所有权和经营权合二为一的小个体工商户。

二、复式记账法

（一）复式记账法的含义

复式记账法是以资产与权益的平衡关系为记账基础的，企业发生的每一项经济业务，必须以相同金额在两个或两个以上相互联系的账户上登记，系统全面地反映会计六要素的增减变化。此处仍以【例3-1】进行说明。对光明公司使用现金购买5000元原材料的经济业务，使用复式记账法记录，在"库存现金"中记录5000元的支出，并在"原材料"账户中记录原材料增加5 000元，完成记录验收入库的业务。因此，复式记账法在记录经济业务时，在相互连接对应的账户上填写相同的金额，可以清楚地反映资金的流向。

使用复式记账法的基本要素包括：首先是平衡原则，即会计要素数量间的平衡关系采用会计等式表述；其次是会计记账符号，即把会计的基本结构分为左、右两部分，分别记录会计要素增减变化的具体内容；再次是会计记账规则，用复式记账法登记经济业务时应遵循资金增减变动平衡的规定，确保会计记录的准确性；最后是试算平衡，复式记账法可以根据平衡原则，对一个时期内的会计记录进行综合测算。

（二）复式记账法的优点

相比于单式记账法，复式记账法可以全面反映经济业务内容和资金运动过程，同时可以进行试算平衡，便于清账核对。现代企业各项经济业务内容日益复杂多样，委托经营日渐普遍，更需要企业对经济工作进行完整系统的记录，所以复式记账法得到了广泛的应用。

（三）复式记账法的种类

复式记账法主要有借贷记账法、增减记账法和收付记账法等，目前国际上通用的记账方法是借贷记账法。《企业会计准则》明确规定我国企业应当采用借贷记账法记录经济业务。

三、借贷记账法

（一）借贷记账法的含义

借贷记账法是对发生的各项经济业务内容以相等的金额在两个或两个以上有关账户进行记录。"资产=负债+所有者权益"是借贷记账法的理论依据，记账符号为"借"和"贷"，"有借必有贷，借贷必相等"为其记账规则。

13世纪，在意大利最早出现了"借"和"贷"的记账形式，起初资本家把从债权人那里吸收的款项称为"贷"，表示"欠人"；把向债务人放出的款项称为"借"，表示"人欠"。因此从借贷资本家的角度而言，"借"和"贷"表示借贷资本家债权、债务的增减变动。

其后，随着商品经济的高速发展，使得企业的经济业务不再仅仅局限于简单的借、贷款，会计上需要记录各项财产物资和企业经营损益的增减变动。为了确保记账的一致性，上述涉及非货币资金的业务，也用借贷来说明其增减变动。这样一来，"借""贷"二字便失去了其最初的含义，变为记账符号，成为会计上的专业术语，用来表明记账的方向。

（二）借贷记账法理论基础

借贷记账法的对象是会计要素的增减变动过程及其结果。这个过程及结果可用公式表述为：资产=负债+所有者权益，可以从下述3个方面理解这一等式：

第一，会计主体各要素之间的数字平衡关系。有一定量的资产，权益（负债和所有者权益）也必然有相应的数量。经济业务所产生的增减变动，不影响等式的平衡。如果用等式的"左""右"表示"借""贷"，要求每一次记账的借方和贷方是平衡的，一定时期内账户的借贷双方的金额、账户的借方和贷方余额的合计数是平衡的。

第二，各会计要素增减变化的相互联系。通过之前的学习了解到，所有的经济业务都会引起两个或者两个以上相关会计科目的金额变动。所以企业的经济业务发生后，记入一个账户的同时，其记录必须与另一个或者两个以上账户的记录相对应。

第三，等式所涉及的要素是对立统一的关系。处于等式左边的资产，如果要移到右边，需要用"-"来表示，负债和所有者权益也是如此。如果用借方表示资产项目的增加，那么要用贷方表示资产项目的减少。相反，如果贷方表示负债和所有者权益的增加额，借方则表示负债和所有者权益的减少额。

上述3个方面的内容贯穿整个借贷记账法，会计恒等式是借贷记账法的理论基础。会计恒等式对记账方法的要求决定了借贷记账法的账户结构、记账规则、试算平衡的基本理论。

四、记账符号和账户结构

（一）记账符号

"借"和"贷"这对记账符号，是借贷记账法的标志。这对记账符号必须与借贷记账法账户结构统一应用，才能真正反映其所代表的会计对象要素增减变动的经济内容。

（二）账户结构

借贷记账法下账户的基本结构为，左边为借方，右边为贷方。通过会计等式"资产+费用=负债+所有者权益+收入"来确定哪一方登记增加，哪一方登记减少。

1. 资产类账户

在资产类账户中，借方登记资产增加，贷方登记资产减少，格式如图3-1所示。

借方	资产类账户名称	贷方
期初余额：a+b-c-d		
增加额：a 增加额：b		减少额：c 减少额：d
本期增加发生额：a+b		本期减少发生额：c+d
期末余额：a+b-c-d		

图 3-1 资产类账户示意图

资产类账户的发生额和期末余额之间的关系为：

资产类账户期末余额=借方期初余额+本期借方发生额-本期贷方发生额

2. 负债和所有者权益类账户

由于负债、所有者权益与资产分别位于等式的两边，因此为了保证等式的恒等，在账户右方记录负债和所有者权益的增加额，左方记录减少额，格式如图3-2所示。

借方	负债及所有者权益账户名称	贷方
减少额：c　减少额：d 本期减少发生额：c+d		期初余额：a+b−c−d 增加额：a　增加额：b 本期增加发生额：a+b 期末余额：a+b−c−d

图 3-2　负债及所有者权益类账户示意图

负债和所有者权益类账户的发生额和期末余额之间的关系为：

负债和所有者权益类账户期末余额=贷方期初余额+本期贷方发生额−本期借方发生额

3. 成本费用类账户

企业在生产经营过程中因经济业务往来所产生的各种支出，称为成本费用，而在成本费用抵消收入以前，企业可以把它当作一种资产。例如"生产成本"包括生产某产品而发生的一切支出，但尚未完工结转入库，这综合反映了企业在生产该项产品时发生的所有耗费。而成本费用和资产一样同在会计恒等式的左侧，故其账户结构与资产账户结构几乎相同，存在的差异是借方记录的成本增加额一般由贷方转出，所以成本费用类账户一般没有期末余额；若因特殊情况存在余额时，余额在借方。其格式如图3-3所示。

借方	成本费用类账户名称	贷方
增加额：a　增加额：b		减少额：c　转出额：a+b−c
本期增加发生额：a+b		本期减少发生额：a+b

图 3-3　成本费用类账户示意图

4. 收入类账户

收入类账户结构与负债和所有者权益类账户结构一致，收入增加额记入会计账户的贷方，减少发生额则记入借方。通常来说，收入在贷方的增加额会通过借方转出，所以收入类账户一般没有期末余额。其格式如图3-4所示。

借方	收入类账户名称	贷方
减少额：c　转出额：a+b-c		增加额：a　增加额：b
本期减少发生额：a+b		本期增加发生额：a+b

图 3-4　收入类账户示意图

通过本节的学习可以了解到，"借""贷"二字仅作为记账符号使用时，在不同会计要素中其表示的经济含义并不一致，具体如表3-1所示。

表 3-1　记账符号含义

借	贷
资产增加	资产减少
负债及所有者权益减少	负债及所有者权益增加
费用成本增加	费用成本转出
收入类转出	收入类增加

（三）记账规则

会计记账规则是会计在企业生产经营中进行记录，并检查会计记录以及会计账簿是否登记准确的依据。需要注意的是，不同的会计记账方法其记账规则也不相同。借贷记账法规则可简单概括为"有借必有贷，借贷必相等"，即要求企业对生产经营中的经济业务以相等的金额、相反的方向，在两个或两个以上的账户中进行登记反映。

五、借贷记账法的运用

企业在生产经营中使用借贷记账法登记往来经济业务时，一般要经过以下3个步骤。

首先，需要根据发生的经济业务内容设置相应的会计科目和账户。

其次，根据第一步的分析结果，确定这些账户的性质是资产要素的变化，还是负债和所有者权益的变化，明确哪些要素增加，哪些要素减少。

最后，确定账户结构，明确会计记录的方向是贷方还是借方，计算各个账户应记录的金额。任何涉及资产增加、费用成本增加、负债和所有者权益减少、收入减少的转出，均记录在该账户的借方；任何涉及资产减少、费用成本减少、负债和所有者权益增加、收入增加的经济业务，均记录在该账户的贷方。

借贷记账法的账户结构规定了对企业生产经营过程中发生的所有经济事项都需要按照借贷方向进行记录，有借必有贷，若在一个账户中记录借方，相应地必然要在另一个账户中记录贷方。

第二节　如何编制会计分录

一、会计分录的含义

会计分录是对生产经营中的各项经济业务记录借、贷方账户名称及具体金额，简称为分录。应借应贷方向、相对应的科目、具体金额是会计分录的三个组成要素。我国现行规定下，会计分录记载于记账凭证中，其具体书写要求包括：①上借下贷。即借方在上，先写；贷方在下，后写。②左右错开。即贷方的文字和数字都要比借方后退两格书写。③在一借多贷或一贷多借或多借多贷的情况下，借方或贷方的文字要对齐，金额也应对齐。④金额后无须书写具体计量单位。⑤记录明细分类账户时，应在总分类账户后注明。

【例3-2】

（1）收到投资者投入的价值200 000元的生产设备，已经投入使用。做会计分录如下：

借：固定资产　　　　　　　　　　　　　　200 000

　　贷：实收资本　　　　　　　　　　　　200 000

（2）用库存现金50 000元偿还前欠的短期借款。

借：短期借款　　　　　　　　　　　　　　50 000

　　贷：库存现金　　　　　　　　　　　　50 000

（3）从银行提取现金1 000元，以备零星支出使用。做会计分录如下：

借：库存现金　　　　　　　　　　　　　　1 000

　　贷：银行存款　　　　　　　　　　　　1 000

（4）签发30 000元的商业汇票，偿付前欠辉煌公司的货款。做会计分录如下：

借：应付账款　　　　　　　　　　30 000
　　贷：应付票据　　　　　　　　　30 000

（5）购入一批价款80 000元的原材料，60 000元使用银行存款支付，剩下的20 000元暂欠。做会计分录如下：

借：原材料　　　　　　　　　　　80 000
　　贷：银行存款　　　　　　　　　60 000
　　　　应付账款　　　　　　　　　20 000

二、会计分录的分类

根据涉及账户的数量，会计分录可分为简单会计分录和复合会计分录。只包含一个账户借方和另一个账户贷方的会计分录，即保持一借一贷的模式为简单会计分录。由两个以上相关账户组成的会计分录，具体模式包括一借多贷、多借一贷或多借多贷，称为复合会计分录。

必须说明的是，理论上而言，复合会计分录是由几个简单会计分录合并组成的，因此其可以分解为几个简单会计分录。需要注意的是，也不可以将几个彼此毫无关联的简单会计分录汇集为一个复合会计分录。

三、会计分录的编制步骤

会计分录的编制包括以下三步：

（1）确定与该项经济业务有关的账户名称。

（2）分析与该项经济业务有关的账户金额是否出现增加或者减少，根据借贷记账法的账户结构和该项账户所属的会计要素，确定账户的记账方向。

（3）根据企业生产经营发生的经济业务内容，确定相应的账户需要登记的具体金额。

第三节　借贷记账法下的试算平衡

一、试算平衡的含义

试算平衡即根据借贷记账法的记账规则和资产与权益的恒等关系，对一定会计期间所有账户的发生额和余额的汇总计算结果进行比较，以此检查会计记录是否准确。

二、试算平衡的分类

试算平衡可分为发生额试算平衡和余额试算平衡。

1. 发生额试算平衡

发生额试算平衡是指全部账户本期借方发生额合计与贷方发生额合计保持平衡，公式为：

全部账户本期借方发生额合计=全部账户本期贷方发生额合计

借贷记账法的记账规则是发生额试算平衡的依据。

2. 余额试算平衡

余额试算平衡是指全部账户借方期末余额合计与全部账户贷方期末余额合计保持平衡，公式为：

全部账户的借方期初余额合计=全部账户的贷方期初余额合计

全部账户的借方期末余额合计=全部账户的贷方期末余额合计

"资产=负债+所有者权益"是余额试算平衡的直接依据。

三、试算平衡表的编制

试算平衡需要借助编制试算平衡表进行检查。在会计核算中，企业可定期或不定期地编制试算平衡表，该表中设有"期初余额""本期发生额"和"期末余额"三个主要栏目，每个栏目下各设"借方"和"贷方"两个小栏目，如表 3-2所示。

表 3-2　试算平衡表

编制单位　　　　　　　　　　xxxx 年 xx 月 xx 日　　　　　　　　　单位：元

账户名称	期初余额		本期发生额		期末余额	
	借方	贷方	借方	贷方	借方	贷方
合计						

　　当下，会计电算化较为普遍，普通财务记账软件均可直接进行试算平衡，并直接输出试算平衡表。试算平衡表中借方合计数额与贷方合计数额应一致，若不一致则说明这一时期内记账存在问题，应及时检查纠正。但需要注意的是，试算结果平衡并不能说明记账绝对正确，只能在一定程度上说明总分类账目的登记是基本正确的。当试算平衡表借方余额和贷方余额不一致时，可以按照下列步骤依次进行检查：

　　（1）核对检查所有账户是否均记入试算平衡表，并检查各账户的发生额和期末余额是否均准确地填入试算平衡表中。

　　（2）复核各账户的发生额和期末余额的计算是否正确。

　　（3）核对检查按照记账凭证登记会计账簿的过程，核对时在核对数字旁做核对标记。上述步骤完成后未发现错误的，即应检查记账凭证、分类账上是否存在尚未确认核对的金额。核对过程中不仅要注意金额是否输入正确，还要检查会计账簿中借方、贷方是否记录错位。

　　（4）核对记账凭证填写编制是否正确，记账方向是否有误，是否符合"有借必有贷，借贷必相等"的会计记账规则。

第四章

会计循环的首要环节——从原始凭证到记账凭证

　　会计核算过程是指从会计业务操作到原始凭证编制再到会计报表编制的过程，又称会计循环。从会计业务系统看，会计循环由确认、计量、报告等环节组成；从会计核算的具体内容看，会计循环分为记录和会计凭证审查、会计科目和会计账户的设定、复式记账、登记账簿、成本核算、财产核查、制作财务会计报告书等。本章主要讲解从原始凭证到记账凭证的会计核算过程。

第一节　什么是会计凭证

一、会计凭证的概念

会计凭证是记录企业生产经营中的经济业务，明确经济责任的证明材料，也是记账的重要依据。

会计管理工作要求会计核算提供真实的会计资料，记录的企业生产经营中的经济业务必须有根据和缘由。无论是企业还是行政单位，在每次发生经济业务时，需由完成相关业务工作的有关人员取得或填制会计凭证，并签名或盖章，对凭证记载的相关内容负经济责任。如购买原材料、办公用品等时由供货方开具的发票；收到商品且入库后要记录到收货单上；发放材料要有车间填写的领料单等。上述发票、收货单、领料单都是企业生产经营过程中常见的会计凭证。

二、会计凭证的种类

现代企业生产经营业务较为复杂，因此会计凭证也种类繁多。会计凭证按编制程序和用途可分为原始凭证和记账凭证。

1. 原始凭证

原始凭证是企业生产经营中的经济业务发生或者完成时，由专门人员取得或者填写的，用以记录或者证明经济业务发生或者完成情况以及明确有关经济责任的会计凭证。原始凭证是会计核算的原始依据。

2. 记账凭证

记账凭证是由企业财务部门根据审核无误的原始凭证进行分类、整理后记载下经济业务的简要内容，并在此基础上确定会计分录的会计凭证。记账凭证是登记会计账簿的直接依据。

第二节　如何填制和审核原始凭证

一、原始凭证的基本内容

原始凭证是证明企业生产经营过程中发生经济业务的原始依据，有一定的法律效力。现代企业生产经营业务较为复杂，反映具体内容的原始凭证也种类繁多。原始凭证的经济业务内容不同，但任何原始凭证都必须明确经济业务的执行和完成情况，签字或者盖章明确相关经办人员和单位的法律及经济责任。由上可知，原始凭证虽然名称和形式不同，但都包括一些必须具备的要素：①原始凭证的名称；②填制原始凭证的日期和凭证编号；③接受凭证的单位名称；④经济业务内容，如品名、数量、单价、金额大小写等；⑤填制原始凭证的单位名称和填制人姓名；⑥经办人员的签名或盖章。

有些原始凭证既要满足会计业务的需要，同时又要满足其他管理业务的需要。基于此，某些凭证不仅要具备上述内容，还要具备与业务相关的经济合同、结算方式、费用预算等内容，来更全面清晰地反映经济业务。

在实际工作中，各单位从自身情况出发，根据企业会计核算和管理的需要设计并制作符合本单位生产经营特点的原始凭证。但是各主管部门会针对同一个地区范围内经常发生的大量经济业务统一设计和印刷原始凭证。例如，银行统一印制的现金支票、转账支票、银行汇票等；财政部门统一印制的收费发票等；税务部门统一印制的税务登记发票等。这样既可以统一原始凭证的内容和格式，也方便主管部门进行监督管理。

二、原始凭证的种类

原始凭证的重要性不言而喻，为了更好地认识和利用原始凭证，我们要学习了解原始凭证的种类。按照不同的分类标准，原始凭证可以分为不同的种类。

（一）原始凭证按来源不同分类

原始凭证根据来源的不同，可以分为外来原始凭证和自制原始凭证两种。

（1）外来原始凭证是指从外部单位或者个人处在发生或者完成经济业务活动时取得的原始凭证。常见的原始凭证有增值税专用发票、银行转来的结算凭证、铁路部门的火车票等。其格式如图4-1所示。

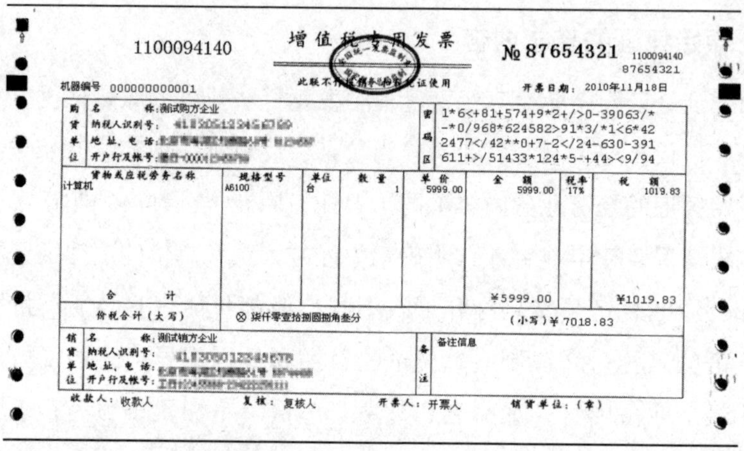

1100094140　　增值税专用发票　　№ 87654321　1100094140　87654321

此联不作报销、扣税凭证使用

机器编号 000000000001　　开票日期：2010年11月18日

购货单位　名称：测试购方企业　纳税人识别号：　地址、电话：　开户行及帐号：

密码区　1*6<+81+574+9*2+/>0-39063/*
-*0/968*624582>91*3/*1<6*42
2477</42**0+7-2</24-630-391
611+>/51433*124*5-+44><9/94

货物或应税劳务名称	规格型号	单位	数量	单价	金额	税率	税额
计算机	A6100	台	1	5999.00	5999.00	17%	1019.83
合　计					¥5999.00		¥1019.83
价税合计（大写）	⊗ 柒仟零壹拾捌圆捌角叁分				（小写）¥ 7018.83		

销货单位　名称：测试销方企业　纳税人识别号：　地址、电话：　开户行及帐号：

备注　备注信息

收款人：收款人　复核：复核人　开票人：开票人　销货单位：（章）

图 4-1　增值税专用发票

（2）自制原始凭证是指在本单位内部负责具体业务的部门和工作人员执行或完成某项经济业务时制作填写的原始凭证。常见的自制原始凭证有“领料单”“成品入库单”“销货发票”“员工工资计算表”等，其格式如图4-2、图4-3所示。

领料部门:　　　　　　　　　　　　　　　　凭证编号:

用途:　　　　　　年　　月　　日　　　　　收料仓库:

材料编号	材料规格及名称	计量单位	数量		价格	
			请领	实领	单价	金额（元）
备注					合计	

记账　　　　　发料　　　　　审批　　　　　领料

图 4-2　领料单

交库单位：　　　　　　年　　　月　　　日

凭证编号：

收料仓库：

产品编号	产品名称	规格	计量单位	交付数量	检验结果		实际数量	单价	金额
					合格	不合格			
备注							合计		

图 4-3　成品入库单

（二）原始凭证按填制方法不同分类

原始凭证按填制方法不同，可分为一次凭证、累计凭证和汇总凭证三种。

（1）一次凭证，是指一次填制并完成的原始凭证，可以反映一笔经济业务或者同时反映几个类似的经济业务的内容。一般而言，外来原始凭证通常都属于一次凭证，企业日常自制的原始凭证大多也属于一次凭证。一次凭证能清晰直观地反映经济业务活动情况，常见的一次凭证有"发货单""现金收据""收料单"等。

（2）累计凭证是指在同一份凭证上将在一定时期内连续重复发生的几种同类型经济业务连续登记到期末才能制作完成的原始凭证。累计凭证将相同性质的经济业务连续登记，随时计算累计数量和余额，期末以实际数额记账。常见的累计凭证有"限额领料单""费用限额卡"等。

（3）原始汇总凭证是在一定时间内反映同类型经济业务的原始凭证。这些凭证通常是根据同样的原始凭证、会计核算资料定期统计编制的。

（三）原始凭证按用途不同分类

原始凭证按用途不同，可分为通知凭证、执行凭证和计算凭证三种。

（1）通知凭证，是指要求或指示或命令企业进行某种经济业务的原始凭证。常见的通知凭证有"罚款通知书""付款通知书"等。

（2）执行凭证，是用以证明发生或已经完成某种经济业务的原始凭证。如"销货发票""材料验收单""领料单"等。

（3）计算凭证，是指根据原始凭证和有关会计核算资料编制的原始凭证，是为了便于记账及了解后期账簿和各种数据的来源与产生情况而制作的。常见的计算凭证有"制造费用分配表""产品成本计算书""工资结算表"等。

（四）原始凭证按格式不同分类

原始凭证按格式不同，可分为通用凭证和专用凭证两种。

（1）通用凭证，是指全国或某一地区、某一部门统一格式的原始凭证。如由银行统一印制的结算凭证、税务部门统一印制的发票等。

（2）专用凭证，是指某些特殊单位自行印制的、具有的特定内容、格式和专门用途的原始凭证。常见的专用凭证有高速公路通行费收据、养路费缴纳单等。

以上是根据不同的标准对原始凭证进行的细致分类。有些原始凭证按不同的分类标准，分别属于不同的种类。如现金收据，对出具收据的单位而言，是自制的原始凭证，但是对于接收收据的单位而言则属于外来原始凭证。

三、原始凭证的填制

填写原始凭证时，应当由填制凭证的工作人员按照规定的方法将各种原始凭证要素填写完整，办好签章，明确法律和经济责任。

原始凭证是具有法律效力的证明材料，是会计主体进行会计核算的基本依据，因此应严格按照相关要求谨慎填制。为了使原始凭证清楚准确地反映各项经济业务的具体情况，填制时需符合以下要求。

1. 记录要真实

原始凭证上的编制日期、企业经济业务内容和金额数字必须是经济业务实际发生或者完成的真实情况，不得弄虚作假，不得以估计数填入，不得随意涂改、补正。

2. 内容要完整

原始凭证中需要填写的项目应当按顺序逐项填写，不得遗漏。其中名称要填写完善，不能随意简化；品名和用途应书写明确，不能含糊；相关部门和经办人员的签名和盖章必须完备。

3. 手续要完备

单位的自制原始凭证在使用时，必须由经办部门和工作人员盖章签名。面向公司外部开出的凭证，必须加盖公司的公章或者财务专用公章。凭证要符合手续完备的基本需求，明确法律和经济责任，确保凭证的合法性和真实性。

4. 填制要及时

相关经济业务部门和经办人员在业务实际发生或完成时，应及时准确地填制原始凭证，不得迟延滞后，并按规定的程序进行审查。

5. 编号要连续

原始凭证应当按照顺序连续填写或者分类编号填写，跳号的凭证要加盖"作废"戳记，连同存根一起保管，不得撕毁。

6. 书写要规范

原始凭证中文字与数字的书写要清楚整齐、笔迹工整，不得潦草或者乱造字句。大小写的金额必须一致。一式多联的原始凭证，要注明各联用途。数字和货币符号必须符合下列要求：

一是数字清晰整洁，字迹工整，数字的排列和间隔要整齐均匀。另外，在书写阿拉伯数字时高度占凭证横格的1/2。在书写时应紧贴凭证的横格底线，使顶部留出一定的空位，以便更正时有位置再次书写。

二是在阿拉伯数字前书写货币名称或简称和货币符号时，货币的符号和阿拉伯数字之间不能留有空白。凡表示金额的阿拉伯数字前面写有货币符号的，数字后面就不再使用货币单位。所有以元为单位的阿拉伯数字，除表示单价等情况外，一律填写到角分；金额无角无分的，角位和分位写"00"或者符号"—"；金额有角无分的，分位应当写"0"。在填制需要书写大写金额数字的原始凭证时，应在大写金额数字前标明货币名称，需要注意的是货币名称和金额数字之间不得留有空白。

三是使用汉字填写大写金额数字时，正确书写方式为：零、壹、贰、叁、肆、伍、陆、柒、捌、玖、拾、佰、仟、万、亿，不得随意使用简化字代替。大写金额数字到元或角为止的，在"元"或"角"之后应当写"整"或"正"字。

四、原始凭证的审核

为了达到反映和监督各项生产经营活动中经济业务的目的，公司财务部门应首先对取得的原始凭证进行严格审核，保证会计资料的真实性、合法性和完整性。因此理论上而言，只有经过财务部门审查且无错误的凭证，才能作为填写记账凭证和登记账簿的依据。初始凭证审查是会计监督工作的关键环节，一般从下述两方面入手：

首先，审查原始凭证所反映的经济业务的合理性、合法性和真实性。

其次，审查原始凭证的书写填制是否符合规定的要求。

审核原始凭证是一项十分细致严谨的工作。要做好原始凭证的审查，充分发挥会计的监督作用，会计人员就要具备扎实过硬的会计专业知识和技能，在了解企业生产经营活动的同时，熟悉相关政策法规和财务制度，敢于坚持原则，及时发现问题。

第三节 如何填制和审核记账凭证

一、记账凭证的基本内容

通过第二节的学习，我们了解到会计原始凭证只是客观地记录了经济业务内容，而不能作为登记账簿的直接依据。为分类反映经济业务的具体内容，应按照会计核算方法的要求予以分类整理、编制记账凭证，载明某项经济业务的账户名称和应借应贷金额。总结起来，记账凭证必须包含的内容有：①记账凭证的名称；②填制凭证的日期、凭证编号；③经济业务的内容摘要；④经济业务应记入账户的名称、记账方向和金额；⑤所附原始凭证的张数和其他附件资料；⑥会计主管、记账、复核、出纳、制单等有关人员签名或盖章。

记账凭证和原始凭证虽然都属于会计凭证，但两者存在一定差别：原始凭证由经办人方制作填写，记账凭证则全部由会计人员填写；原始凭证根据发生或完成的经济业务填写，原始凭证审核无误后填写记账凭证；记账凭证依据会计科目对企业生产经营中已经发生或完成的经济业务进行分类、整理。总体而言，二者关系为：原始凭证是填写记账凭证的依据，记账凭证是登记会计账簿的依据。

二、记账凭证的种类

记账凭证能够记录和反映的经济业务种类繁多，其样式也多种多样，按不同的标准可分为不同的种类。

（一）记账凭证按反映的经济内容不同分类

（1）收款凭证，是专门用于记录现金和银行存款收款业务的会计凭证，是出纳人员收讫款项的依据，也是登记总账簿、现金日记账和银行存款日记账以及有关明细账的依据，一般按现金和银行存款分别编制。收款凭证格式如

图4-4所示。

收 款 凭 证

借方科目：银行存款		2006年2月15日		银收字第003号										
摘 要	贷 方 科 目		记账	金 额										
	总账科目	明细科目		千	百	十	万	千	百	十	元	角	分	
收到投资款	实收资本	宋宁	√	1	0	0	0	0	0	0	0	0	0	附件2张
合 计				¥	1	0	0	0	0	0	0	0	0	

财务主管：李凡	记账：黄秋	出纳：赵实	审核：李平	制单：刘玉

图 4-4 收款凭证

（2）付款凭证，是专门用于记录现金和银行存款付款业务的会计凭证，是出纳人员支付款项的依据，也是登记总账簿、现金日记账和银行存款日记账以及有关明细账的依据，一般按现金和银行存款分别编制。付款凭证格式如图4-5所示。

付 款 凭 证

贷方科目：银行存款		2006年2月15日		银付字第018号										
摘 要	借 方 科 目		记账	金 额										
	总账科目	明细科目		千	百	十	万	千	百	十	元	角	分	
提现金备用	现金		√					8	0	0	0	0	0	附件1张
合 计							¥	8	0	0	0	0	0	

财务主管：李凡	记账：黄秋	出纳：赵实	审核：李平	制单：刘玉

图 4-5 付款凭证

（3）转账凭证，是专门用于记录不涉及现金和银行存款收付款业务的会计凭证，是登记总账和有关明细账的依据。转账凭证格式如图4-6所示。

转账凭证

2013 年 12 月 17 日　　　　字第 1 号

摘要	总账科目	明细科目	借方金额（亿千百十万千百十元角分）	✓	贷方金额（亿千百十万千百十元角分）	✓
收到A公司订单款	现金		80000			
	应收账款	A公司			80000	
合计			¥80000		¥80000	

附件单据（　）张

财务主管　　记账　　出纳　　审核　　制单

图 4-6　转账凭证

收款凭证、付款凭证和转账凭证称为专用记账凭证。在实际工作中，管理货币资金是会计从业人员的重要工作。在实际操作中应考虑公司业务的特点，在货币资金收付业务量较大且频繁的单位，往往会编制专用的收、付款凭证；而一些经济业务较少、业务简单或收付款业务不多的企业，可以使用通用格式的记账凭证，这种通用格式的记账凭证既可以用于收付款业务，也可以用于转账业务。

综上所述，收款凭证、付款凭证和转账凭证分别用以记录现金、银行存款收款业务、付款业务和转账业务。在实际工作中，为了避免对现金与银行存款之间的收付款业务重复记账，一般只编制付款凭证，不编制收款凭证。

（二）记账凭证按填制方式不同分类

（1）单式记账凭证，是在每张凭证上只填列经济业务事项所涉及的一个会计科目及其金额的记账凭证。填列借方科目的称为借项记账凭证，反之称为贷项记账凭证。具体而言，一项经济业务涉及几个科目，就分别填写几张凭证，用连续编号的方法把它们联系起来。单式记账凭证的优点是内容单一，记账工作便于分工，也便于按科目汇总统计，在一定程度上能加速凭证的传递。但也存在凭证张数多、内容相对分散、一张单据不能反映经济业务的全貌、不利于会计记录的准确性等问题，所以必须加强对会计凭证的复核、装订和保管工作。单式记账凭证的一般格式如图4-7所示。

借项记账凭证

表 4—12　　　　　借项凭证

×年×月×日　　凭证编号字号

摘　要	总账科目	明细科目	账　页	金　额
对应总账科目：	合　计			

会计主管：　　记账：　　审核：　　制单

贷项记账凭证

表 4—13　　　　贷项记账凭证

×年×月×日　　凭证编号字号

摘　要	总账科目	明细科目	账　页	金　额
对应总账科目：	合　计			

会计主管：　　记账：　　审核：　　制单

图 4-7　单式记账凭证

（2）复式记账凭证，是指将每一笔经济业务事项所涉及的全部会计科目及其发生额均反映在同一张凭证中的一种记账凭证。即一张记账凭证上登记一项经济业务所涉及的两个或者两个以上的会计科目，既有"借方"又有"贷方"。复式记账凭证的优点是可以集中反映账户的对应关系，有利于了解经济业务的全貌；同时还可以减少凭证的数量，减轻编制记账凭证的工作量，便于检验会计分录的正确性。其缺点是不便于汇总计算每一项会计科目的发生额和不能顺利进行分工记账。在实际工作中，普遍使用的是复式记账凭证。前面介绍的收款凭证、付款凭证、转账凭证都是复式记账凭证。

（三）记账凭证按汇总方法不同分类

（1）分类汇总凭证，指将许多同类记账凭证逐日或定期（3天、5天、10天等）加以汇总后编制的记账凭证，有利于简化总分类账的登记工作，也可以是按科目进行汇总的凭证。

（2）全部汇总凭证，是指将单位一定时期内编制的会计分录，全部汇总在一张记账凭证上。

三、记账凭证的填制

（一）记账凭证的填制要求

填制记账凭证是一项重要的会计工作，为便于记账，保证账簿记录的准确性，记账凭证填写应符合下列要求：

1. 依据真实

除结账和更正错误外，记账凭证应根据审查无误的原始凭证及有关资料填制，必须如实记录原始凭证并认真填写所附原始凭证的张数。记账凭证所附原始凭证张数一般以原始凭证的自然张数为准。如果记账凭证中附有原始凭证汇总表，则应该把所附的原始凭证和原始凭证汇总表的张数一起计入附件的张数之内，但报销差旅费等零散票券，可附在一张纸上作为原始凭证。一张原始凭证如果涉及几张记账凭证的，可以将原始凭证附在一张主要的记账凭证后面，在该主要记账凭证摘要栏注明"本凭证附件包括××号记账凭证业务"字样，并在其他记账凭证上注明该主要记账凭证的编号或者附上该原始凭证的复印件，以便复核查阅。如果一张原始凭证所列的支出需要由两个以上的单位共同负担时，应当由保存该原始凭证的单位开具原始凭证分割单给其他应负担的单位。原始凭证分割单必须具备原始凭证的基本内容，并可作为填制记账凭证的依据，计算在所附原始凭证张数之内。

2. 内容完整

记账凭证要按照原始凭证上所列项目逐一准确填写，并需要相关经办单位和经办人员的签名或者盖章。如以自制的原始凭证或者原始凭证汇总表代替记账凭证使用的，两者应当具备记账凭证所需要的内容。金额栏数字的填写必须规范、准确，并与所附原始凭证的金额一致。金额登记方向、数字必须正确，角分位不留空格。

3. 分类正确

填写记账凭证时，应当根据经济业务的内容区分不同种类的原始凭证，以正确应用会计科目和记账凭证。记账凭证可以根据一张原始凭证填写，也可以根据几张同类凭证汇总表填写。一般情况下，现金或银行存款的收付款业务应使用收款凭证或付款凭证。如果不涉及将现金存入银行或从银行提取现金的业务，则主要以支付业务为主，只出具付款凭证，避免重复记账。在经济业务中，既涉及现金或银行存款的收付，也涉及转账业务的，必须分别填写收款或付款凭证和转账凭证。各种记账凭证的使用格式要相对稳定，尤其是在同一个会计年度内，不能随意更换，避免影响连续编号，引起装订、保管方面的不便和混乱。

4. 日期正确

记账凭证的填制日期一般应填制经济业务发生当天的日期。按权责发生制原则计算收益、分配费用、结转成本利润等调整分录和结账分录的记账凭证，虽然需要到下个月才能填制，但为了便于在当月的账内进行登记，仍应填写当月月末的日期。

5. 连续编号

为了厘清会计事项处理的先后顺序，确保记账凭证完整无缺，便于记账凭证与会计账簿之间的核对，填制记账凭证时，应在记账凭证上连续编号。记账凭证编号的方法有两种：一种是将全部记账凭证作为一类统一编号；另一种是分别按现金和银行存款收入业务、现金和银行付出业务、转账业务三类进行编号，这样记账凭证的编号应分为收字第×号、付字第×号、转字第×号。企业应根据其生产经营业务的繁简程度、会计人员的多少、分工情况选择便于记账、查账、内部稽核的编号方法。但无论采用哪一种编号方法，都要从每月1号编起，按自然数顺序编至月末。当经济业务需要填制两张或两张以上记账凭证时，需要采用分数编号法进行编号，假设现有一笔经济业务需要填制3张记账凭证，凭证顺序号为8，就可以编成$8\frac{1}{3}$、$8\frac{2}{3}$、$8\frac{3}{3}$。

6. 简明摘要

记账凭证摘要栏的作用是对往来的经济业务做简要的说明，摘要应与原始凭证的内容一致，能够准确地反映经济工作的主要内容，做到语言简洁明了，使会计信息的使用者可以通过摘要快速、明白地掌握相关经济业务的性质和特征。

7. 分录正确

会计分录是记账凭证中重要的组成部分，在记账凭证中，要正确编制会计分录并保持借贷平衡，必须按照国家统一规定的会计制度和企业生产经营中经济业务的内容正确使用会计科目。记账凭证中借、贷方的金额必须相等，合计数必须计算正确，遵守"有借必有贷，借贷必相等"的记账规则。

8. 空行注销

填写记账凭证时要逐行书写，不得跳过、空出。在记账凭证上填写完经济业务后，如有空行，应从金额栏自最后一笔金额数字下的空行至合计数上的空行处画斜线或S线注销。

（二）记账凭证的填制方法

1. 收款凭证的填制

收款凭证是根据审核无误的现金和银行存款收款业务的原始凭证编制的。收款凭证左上角的"借方科目"，按收款的性质填写"现金"或者"银行存款"；日期为编制本凭证的日期；右上角填写收款凭证顺序号；"摘要栏"简明书写经济业务的内容梗概；"贷方科目"栏内填写与收入"现金"或"银行存款"科目相对应的总账科目及所属明细科目；"金额"栏内填写收到的现金或银行存款的数额，各总账科目与所属明细科目的应贷金额，应分别填写于总账科目或明细科目同一行的"总账科目"或"明细科目"金额栏内；"金额栏"的合计数，只合计"总账科目"金额，表示借方科目"现金"或"银行存款"的金额；"记账栏"供记账人员在根据收款凭证登记有关账簿后做记号用，防止经济业务事项的重记或漏记；该凭证右边"附件张"根据所附原始凭证的张数填写；凭证最下方相关人员签章处供有关人员在履行责任后签名或签章，明确法律和经济责任。

2. 付款凭证的填制

付款凭证是根据审核无误的现金和银行付款业务的原始凭证编制的。付款凭证左上角的"贷方科目"，应填列"现金"或者"银行存款"；"借方科目"栏应填写与"现金"或"银行存款"科目相对应的总账科目及所属的明细科目，其余各部分的填制方法与收款凭证相同。

3. 转账凭证的填制

转账凭证是根据审核无误的不涉及现金和银行存款收付的转账业务的原

始凭证编制的。转账凭证的"会计科目"栏应按照先借后贷的顺序分别填写应借应贷的总账科目及所属的明细科目；借方总账科目及所属明细科目的应记金额，应在与科目同一行的"借方金额"栏内的相应栏次中填写，贷方总账科目及所属明细科目的应记金额，应在与科目同一行的"贷方金额"栏内相应栏次中填写；"合计"行只合计借方总账科目金额和贷方总账科目金额，借方总账科目金额合计数应与贷方总账科目金额合计数相等。

四、记账凭证的审核

记账凭证编制完成后，要有专业人员进行审核，从监督企业生产经营中经济业务的真实性、合法性和合理性，检查记账凭证的编制是否符合相关规定。记账凭证审核的基本内容包括内容是否真实、项目是否齐全、科目是否准确、金额是否正确、书写是否规范。

第五章

会计信息的主要储存工具——账簿

在第四章中我们了解了会计凭证，知道了每一项经济业务都需要取得和填制会计凭证。但会计凭证不能全面、连续、系统地反映与监督一个经济单位一段时间内某类和全部经济业务的变化，而且不方便日后查阅。因此，为了给经济管理提供系统的核算资料，就需要用到登记账簿的方法，把分散的会计凭证核算资料进行集中和归类整理，登记到账簿中去。

第一节　如何设置与启用账簿

一、会计账簿概述

会计账簿，也叫账簿，以审核合格的会计凭证为依据，由具有一定格式的账页组成，全面、系统、连续地记录各项经济业务和会计事项。

（一）会计账簿基本内容

1. 封面

封面用来标明账簿名称，如总分类账、各明细分类账、库存现金日记账、银行存款日记账等。

2. 扉页

扉页用来标明使用信息，如科目索引、账簿启用登记和经管人员一览表等。"账簿启用登记和经管人员一览表"格式如表5-1所示。

表 5-1　账簿启用登记和经管人员一览表

	用户名称			公章	
	账簿名称				
	账簿号码				
	账簿页数				
	启用日期	20　年　月　日至20　年　月　日			
经管人员	单位主管	财务主管	复核		记账

续表

交接记录	经管人员		接管	交出
	职务	姓名	日期／盖章	日期／盖章
备注				

3. 账页

账页用来记录经济业务，包括账户的名称、日期栏、凭证种类和编号栏、摘要栏、金额栏，以及总页次和分户页次等基本内容。

（二）会计账簿的种类

1. 按用途分类

（1）序时账簿，也称为日记账，按照经济业务发生的先后顺序逐日、逐笔登记。常见的有库存现金日记账和银行存款日记账。

（2）分类账簿，按分类账户设置，分为总分类账簿和明细分类账簿。总分类账簿，也称总账，按总分类账户设置，总体地反映某类经济活动。总分类账簿直接为编制财务报表提供数据资料。明细分类账簿，也称明细账，按明细分类账户设置，用来提供明细方面的核算资料。

（3）备查账簿，又称辅助登记簿或补充登记簿，用来对某些在序时账簿和分类账簿中记载不全的经济业务进行补充。

2. 按账页格式分类

（1）三栏式账簿，有借、贷以及余额三个金额栏目。各种日记账、总账以及资本、债权、债务明细账都可以采用三栏式账簿。三栏式账簿还分为设对方科目与不设对方科目两种。其格式与总账的格式基本相同。

（2）多栏式账簿，在账簿的借方和贷方的金额栏分别按需分设多个专栏。这种账簿可以按"借方"和"贷方"分设专栏，也可以只设"借方"或"贷方"专栏，所设栏数按具体需要确定。收入、成本、费用明细账一般采用多栏式账簿。

（3）数量金额式账簿，在账簿的借、贷以及余额三栏项目内，每个栏目下再设数量、单价和金额三个小的栏目，反映财产物资的实际数量和价值。原材料、库存商品等明细账一般采用数量金额式账簿。

3. 按外形特征分类

（1）订本式账簿，亦称订本账，是使用前将标有顺序页码的账页装订成册的账簿。订本账的优点是防止账页散失和抽换账页，缺点是不能准确预留账页。订本式账簿一般用于重要的和总结性的总分类账、库存现金日记账和银行存款日记账。

（2）活页式账簿，亦称活页账，是将账页置于活页夹内，可根据记账内容的变化随时增减部分账页的账簿。活页式账簿的优点是记账时可以根据需要随时把空白账页装入账簿，或抽去不需要的账页，方便分工记账；缺点是如果管理不当会造成账页散失或蓄意抽换账页。活页式账簿一般用于明细分类账。

（3）卡片式账簿，亦称卡片账，是把卡片式账页存放于专门设置的卡片箱中，根据实际需要随时增添账页。在我国，企业只在固定资产核算时使用卡片账，少数企业在进行材料核算时也采用卡片账。

二、会计账簿的启用与登记要求

启用会计账簿时，要在账簿封面标注单位名称和账簿名称，并在账簿扉页上附启用表。使用订本式账簿要从第一页到最后一页按顺序编制页数，不能跳页、缺号。使用活页式账簿要按账户的顺序编号，必须按期装订，装订后再按实际使用的账页顺序编订页码，另加目录以便于注明每个账户的名称和页次。

为了保证账簿记录的准确性，要按审核后的会计凭证登记会计账簿，并符合相关法律、行政法规和国家统一的会计准则。

第一，登记会计账簿时，要将会计凭证日期、编号、内容和摘要、金额及其他资料逐项记入。账簿记录中的日期与记账凭证的日期相同；用自制原始凭证当作记账依据的，账簿记录的日期要根据有关自制凭证上的日期进行填写。

　　第二，为了账簿记录的完整性，防止涂抹，登记账簿应用蓝黑墨水或碳素墨水并用钢笔书写，禁止使用圆珠笔（银行的复写账簿除外）和铅笔。发生以下情况可以用红墨水记账：①按照红字冲账的记账凭证，冲销错误记录；②在不设借、贷等栏的多栏式账页中，登记减少数；③在三栏式账户的余额栏前，如未印明余额方向的，在余额栏内登记负数余额；④根据国家规定可以用红字登记的其他会计记录。除上述情况外，禁止使用红色墨水登记账簿。

　　第三，会计账簿的页码编号应当连续。记账时发生错误或者隔页、缺号、跳行的，要在空页或空行处用红色墨水画对角线进行注销处理，或者注明"此页空白"或"此行空白"字样，并由记账人员和会计主管人员（会计机构负责人）在更正处签章。

　　第四，结出余额的账户，在"借贷"栏内注明"借、贷"字样，以示余额的方向；没有余额的账户，要在"借贷"栏内写"平"字，并在"余额"栏"元"位处用"0"表示。库存现金日记账和银行存款日记账一定要逐日结出余额。

　　第五，账页每页登记完毕后，要结出本页发生额合计及余额，在该账页最末一行"摘要"栏标注"转次页"或"过次页"，并将金额记入下一页首行金额栏内，在该行"摘要"处标注"承前页"，以此连续记录账簿，方便对账和结账。

　　第六，账簿记录有误时，不得刮擦、挖补或用褪色药水更改字迹，应按规定更正。

第二节　如何登记日记账、总账、明细账

一、日记账的格式与登记方法

日记账，要按照经济业务发生或完成的时间顺序逐日逐笔进行登记。设置日记账的目的是把经济业务发生的时间清晰地记录在账簿中。我国大多数企业仅设置库存现金日记账和银行存款日记账。

（一）库存现金日记账的格式与登记方法

库存现金日记账，用来计算和检查库存现金日常收、付和结存情况，主要格式为三栏式。库存现金日记账必须使用订本账，其格式如图5-1所示。

库 存 现 金 日记账

2x19年		凭证编号	摘要	对方科目	借方金额	贷方金额	方向	余额
月	日							
			上期余额					

图 5-1　库存现金日记账

库存现金日记账包括借、贷以及余额3个金额栏目，将其称为收入、支出和结余3个基本栏目。库存现金日记账由出纳人员根据库存现金收款凭证、库存现金付款凭证和银行存款付款凭证，按照库存现金收、付款业务和银行存、付款业务发生时间的先后顺序逐日逐笔进行登记。

库存现金日记账的登记方法如下：

①日期栏：指记账凭证的日期，要与库存现金实际收付日期一致。

②凭证栏：指登记入账的收付款凭证的种类和编号，如"库存现金收（付）款凭证"，简写为"现收（付）"；"银行存款收（付）款凭证"，简写

为"银收（付）"。凭证栏还要登记凭证的编号数，以便于查账和核对。

③摘要栏：简要说明登记入账的经济业务的内容。

④对方科目栏：指库存现金收入的来源科目或支出的用途科目，如银行提取现金，其来源科目（即对方科目）为"银行存款"。

⑤收入支出栏（或借方、贷方）：指库存现金实际收付的金额。每日终了，要分别计算库存现金收入和付出的合计数；并结出余额，同时将余额与出纳人员的库存现金核对。如账款不符应查明原因，并记录备案。月终同样要计算库存现金收、付和结存的合计数。

（二）银行存款日记账的格式与登记方法

银行存款日记账用来计算和检查银行存款每日的收、支以及结余情况。银行存款日记账应按照企业在银行使用的账户和币种分别设置，每个银行账户设置一本日记账。银行存款日记账的格式与库存现金日记账相同，采用三栏式或多栏式。多栏式可将收支核算在一本账上进行，也可以分设"银行存款收入日记账"和"银行存款支出日记账"。三栏式格式如图5-2所示。

银 行 存 款 日 记 账

开户行名称：

2x19年	凭证编码		摘要	收入（借方）金额	付出（贷方）金额	借或贷	结 存 金 额
月	日	字	号	支票号		千百十万千百十元角分	千百十万千百十元角分		千百十万千百十元角分

图 5-2　银行存款日记账

银行存款日记账由出纳人员根据与银行存款收付业务有关的记账凭证，按业务发生时间的先后顺序逐日逐笔登记。根据银行存款收款凭证和有关的库存现金付款凭证登记银行存款收入栏；根据银行存款付款凭证登记其支出栏，每日结出存款余额。银行存款日记账的登记方法与库存现金日记账的登记方法基本相同。

二、总分类账的格式与登记方法

总分类账是根据总分类账户分类登记，用来提供总括会计信息。总分类账最常用的格式为三栏式，设有借、贷以及余额3个金额栏目，格式如图5-3所示。

总分类账

年		凭证		摘要	借方	贷方	借或贷	余额
月	日	种类	编号					

图 5-3 总分类账

登记的依据不同，总分类账的登记方法也有所不同。有些小型单位经济业务较少，其总分类账可以根据记账凭证逐笔登记；一般大中型企业经济业务较多，其总分类账可以根据记账凭证汇总表（又称科目汇总表）或汇总记账凭证等定期登记。

三、明细分类账的格式与登记方法

明细分类账是根据有关明细分类账户设置并登记，提供有关交易事项的详细核算资料，用来弥补总账核算资料的不足。所以，企业既要设置总账，也要设置明细账。明细分类账一般采用活页式账簿或卡片式账簿。明细分类账一般根据记账凭证和相应的原始凭证进行登记。

根据各种明细分类账所记录经济业务的特点，明细分类账的格式可分为3种，具体如下：

1. 三栏式

三栏式账页设有借、贷以及余额3个栏目，分类核算各项经济业务，提供详细核算资料，其格式与三栏式总账格式相同。

2. 多栏式

多栏式账页把同一个总账科目的各个明细科目汇总登记在一张账页上，即在多栏式账页的借、贷方金额栏内按照明细项目设多个专栏。这种格式适用于收入成本、费用类科目的明细核算，其格式如图5-4所示。

201x年		凭证	摘要	借方	贷方	余额	物料消耗	水电费	工资及福利费	工会经费	职工教育经费	折旧费
月	日	号码										
1	18	（略）	车间领用工作服	6000			6000					
1	31	（略）	水电费	5700				5700				
1	31	（略）	车间人员工资	20 000					20 000			
1	31	（略）	车间人员福利费	2800					2800			
1	31	（略）	车间人员工会经费	400						400		
1	31	（略）	车间人员职工教育经费	300							300	
1	31	（略）	生产用固定资产折旧费	3900								3900
1	31	（略）	车间耗费材料	5000			5000					
1	31	（略）	分配制造费用		44 100		11 000	5700	22 800	400	300	3900
1	31	（略）	本月合计	44 100	44 100	0	0	0	0	0	0	0

图5-4　制造费用类多栏式明细分类账

3. 数量金额式

数量金额式账页适用于金额和数量都需要核算的账户。数量金额式账页提供了企业财产物资数量和与金额相关的详细资料，有助于加强财产物资的实物管理和使用监督，保证财产物资的安全完整，其格式如图5-5所示。

会计科目：原材料 第1页
类别：钢材　　　　品名及规格：普通圆钢　　　　计量单位：千克　　　　存放地点：2号库

2×19年		凭证号码	摘要	收入			发出			结存		
月	日			数量	单价	金额	数量	单价	金额	数量	单价	金额
4	1		月初结存							1000	100	100 000
4	2	（略）	购入	2000	100	200 000				3000	100	300 000
4	3	（略）	领用				500	100	50 000	2500	100	250 000

图 5-5　数量金额式明细账

四、总分类账与明细分类账的平行登记

平行登记指发生的每项经济业务都根据会计凭证，一方面记入相关的总分类账户，另一方面记入所属明细分类账户的方法。总分类账户与明细分类账户平行登记的要点如下。

1. 方向相同

总分类账户及其所属明细分类账户登记同一项经济业务时方向相同。即总分类账户记入借方，其所属明细分类账户也记入借方；在总分类账户中记入贷方，在其所属明细分类账户中也记入贷方。

2. 期间一致

发生的经济业务，记入总分类账户和所属明细分类账户的具体时间可分先后，但记入总分类账户和所辖明细分类账户必须在同一会计期间。

3. 金额相等

记入总分类账户的金额要与记入其所辖的一个或几个明细分类账户的金额合计数相等。

第三节　如何进行对账与结账

一、对账

对账是对账簿记录进行核对，即核对账目。对账工作一般在记账后结账前，即在月末进行。对账一般分为账证核对、账账核对、账实核对。

（一）账证核对

账证核对是指将账簿记录与会计凭证核对，核对账簿记录与原始凭证、记账凭证的时间、凭证字号、内容、金额等是否一致，记账方向是否相符，做到账证相符。

（二）账账核对

账账核对的内容主要包括以下4项。

（1）总分类账簿之间的核对。按照"资产=负债+所有者权益"这一会计等式和"有借必有贷、借贷必相等"的记账规则，总分类账簿各账户的期初余额、本期发生额和期末余额之间存在对应的平衡关系，各账户的期末借方余额合计和贷方余额合计也存在平衡关系。

（2）总分类账簿与所辖明细分类账簿之间的核对。

（3）总分类账簿与序时账簿之间的核对。主要是指库存现金总账和银行存款总账的期末余额与库存现金日记账和银行存款日记账的期末余额之间的核对。

（4）明细分类账簿之间的核对。例如，会计机构对有关实物资产的明细账与财产物资保管部门或使用部门的明细账进行定期核对。

（三）账实核对

账实核对，主要包括以下4项。

①库存现金日记账账面余额与现金实际库存数逐日核对是否相符。

②银行存款日记账账面余额与银行对账单余额定期核对是否相符。

③各项财产物资明细账账面余额与财产物资实有数额定期核对是否相符。

④有关债权债务明细账账面余额与对方单位债权债务账面记录核对是否相符。

二、结账

结账是指定期结算账簿记录。在一段时期的期末时（月末、季末或年末），在编制财务报表前先要结账，包括月结、季结和年结。结账的内容通常包括两个方面：一是结算各类损益类账户，以此确定本期利润；二是结算各资产、负债和所有者权益类账户的本期发生额合计和期末余额。

第一，无须按月结算本期发生额的账户，如各项应收、应付款明细账和各项财产物资明细账等，每次记账以后，随时结算余额，每月最后一笔余额是月末余额。月末结账时，仅在最后一笔经济业务记录下面通栏画单红线，无须再次结计余额。

第二，库存现金、银行存款日记账和需要按月结算发生额的收入、费用等明细账，每月结账时，需在最后一笔经济业务记录下面通栏画单红线，结出本月发生额和余额，在摘要栏内注明"本月合计"字样，并在下面通栏画单红线。

第三，对于需结算本年累计发生额的明细账户，每月结账时，要在"本月合计"行下结算出自年初起至本月末止的累计发生额，在月份发生额下登记，在摘要栏内注明"本年累计"字样，在通栏下画单红线。12月末的"本年累计"即全年累计发生额，结计完毕，在全年累计发生额下面通栏画双红线。

第四，总账账户平时只需结算月末余额。年终结账时，为总括反映全年全部资金运动情况，核对账目，要结算所有总账账户的全年发生额和年末余额，在摘要栏内标注"本年合计"字样，并在合计数通栏下画双红线。

第五，年末结账时，账户内有余额的，要将余额结转下年，并在摘要栏标注"结转下年"；在下一会计年度新建有关账户的第一行余额栏内填写上年结转的余额，并在摘要栏标注"上年结转"字样，在账户中如实反映年末有余额账户中的余额，防止将有余额的账户和无余额的账户混淆。

第四节 如何进行期末账项调整

一、期末账项调整的含义

期末账项调整就是在期末结账前，以权责发生制为原则，来确定本期应得收入和应负担的费用，对账簿记录的相关账项进行必要调整。

二、期末账项调整的目的和依据

账项调整是为了能分期计算损益，准确划分相邻会计期间的收入和费用，使所属报告期的收入和成本费用符合配比原则，进而准确衡量各期的损益和考核各会计期间的财务成果。

会计核算的两个会计假设是持续经营和会计分期。基于这两个会计假设，会计核算要求遵循配比原则和以权责发生制为基础。即把某一会计期间的成本费用与对应的收入配合比较，来准确计算该期的损益。但在日常账簿中，本期实际收到的收入或付出的费用，有些作为本期收入费用入账，有些则因未确定收入所属期间而未能入账，有些本期虽未实际收到的收入或付出的费用，其确认的时期应属本期，也未能入账，因此要按照权责发生制的要求，将本来属于本期的收入、费用调整入账，才能准确确认本期的收入、费用，使之做出合理的配合比较，从而准确确定本期的损益。

三、期末账项调整的类别

期末账项调整主要分为以下几类。

1. 属于本期收入，尚未收到款项的账项调整

企业在本期已向购买方提供商品、劳务或财产物资使用权，应确认为本期收入，但因为延迟结算或延后付款等原因，尚未收到本期收入，按权责发生

制原则，不管是否收到款项，都应作为本期收入，期末将尚未收到的款项调整入账。

2. 属于本期费用，尚未支付款项的账项调整

企业在本期已发生的支出，即应归属于本期发生的费用。由于这些费用尚未支付，所以未在账簿上登记入账。按权责发生制原则，属于本期的费用，无论其款项是否支付，都应作为本期费用处理。期末应将那些属于本期费用而尚未支付的费用调整入账。

3. 本期已收款，而不属于或不完全属于本期收入款项的账项调整

本期已收款入账，因未向购买方提供商品、劳务或财产物资使用权，则不属于本期收入的预收款项，而属于负债性质的预收收入。在计算本期收入时，应该将此预收收入进行账项调整，记入"预收账款"科目，符合收入条件后，再从"预收账款"科目转入相关收入科目。

4. 本期已付款，而不属于或不完全属于本期费用的账项调整

本期虽已付款入账，但该笔费用应该由本期和以后各期分别负担，因此在计算本期费用时，应将这部分费用进行调整。

预付的各项支出若不属于或不完全属于本期费用，则不能直接全部记入本期有关费用账户，一部分应先记入资产类"待摊费用"账户。

5. 属于本期支出，尚未支付税金的账项调整

企业根据本期的营业收入或税前利润，按既定税率计算本期应缴纳的税金。税金因为分期计算、定期缴纳的性质形成了负债性质的应付款项。所以，如果要正确计算本期损益，就需要把所有属于本期支出而尚未支付的税金进行期末账项调整后全部登记入账，使得本期支出能与本期收入符合配比原则，以此准确确定本期损益。

第六章

保证会计信息准确、正确的科学手段——成本计算、财产清查

　　成本计算是根据一定成本对象，核算生产经营过程中发生的成本、费用来确定各对象的总成本和单位成本的方法。计算成本后可以准确了解成本组成和考核成本计划的完成情况以及生产经营成果，促进企业加强核算，提高经济效益。

　　财产清查是通过对货币资金、财产物资、往来款项等进行实地盘点，核对查明是否账实相符的会计核算方法。实际工作中一定会存在一些财产保管过程中的材料损耗、计量失误、管理失职、贪污盗窃、营私舞弊、自然灾害、未达账项等账实不符的情况，这些情况都可能造成财产损失，因此需要进行财产清查。

第一节　如何进行成本计算

一、产品成本计算方法概述

（一）生产特点对产品成本计算的影响

工业企业生产按照生产工艺过程的特点分为单步骤生产和多步骤生产；按照生产组织的特点分为大量生产、成批生产和单件生产。综合来看，可分为以下几种：大量大批单步骤生产、大量大批连续式多步骤生产、大量大批平行式加工多步骤生产、单件小批平行式加工多步骤生产。由于生产工艺和生产组织的不同可以形成不同的生产类型，所以对成本管理也各有不同的要求。

（二）产品成本计算方法的影响因素

产品成本计算方法的影响因素主要有：成本计算对象、成本计算期以及生产费用在完工产品与在产品之间的分配。这3个方面相互联系、相互影响。不同的成本计算对象对不同的成本计算期和生产费用在完工产品与在产品之间的分配起决定作用。因此，确定成本计算对象是正确计算产品成本的前提，也是各种成本计算方法相区别的主要标志。

（三）产品成本计算的主要方法

产品成本计算的主要方法有：以产品品种为成本计算对象来计算产品成本的方法称为品种法；以产品批别为成本计算对象来计算产品成本的方法称为分批法；以产品生产步骤为成本计算对象来计算产品成本的方法称为分步法。产品成本计算方法如表6-1所示。

表 6-1 产品成本计算方法

产品成本计算方法	成本计算对象	生产类型		
		生产组织特点	生产工艺特点	成本管理
品种法	产品品种	大量大批生产	单步骤生产	
			多步骤生产	不要求分步计算成本
分批法	产品批别	单件小批生产	单步骤生产	
			多步骤生产	不要求分步计算成本
分步法	生产步骤	大量大批生产	多步骤生产	要求分步计算成本

除此之外，在产品品种、规格繁多的企业中，还可采用分类法；在有定额管理工作基础的企业中，还可采用定额法。

二、产品成本计算的品种法

（一）品种法的特点

品种法是进行产品成本计算的一种方法。它以产品品种作为成本核算对象，并归集和分配生产成本。此方法适用于单步骤、大量生产的企业，如发电、供水等企业。这类企业的产品生产从材料投入到产品产出都是按流水线组织生产，所以不要求分步计算成本，可采用品种法直接核算成本。

品种法计算成本的主要特点有：一是成本核算对象是产品品种。如果企业只生产一种产品，那么此产品全部的生产成本都是直接成本，可直接计入此产品相关成本明细账中，不存在成本分配的问题；如果企业生产多种产品，那么就要在各成本核算对象之间进行分配。二是品种法一般定期（每月月末）进行产品成本计算。三是月末一般不存在产品。如果存在产品，通常数量很少，因此不需要在完工产品与在产品之间划分生产费用，当期发生的生产费用总和就是此种完工产品的总成本。

（二）品种法成本核算的一般步骤

（1）按产品品种设立成本明细账。根据各项费用的原始凭证及相关资料编制有关记账凭证并登记有关明细账，并编制各种费用分配表来分配各种要素的费用。

（2）根据上述各种费用分配表和其他相关资料，登记辅助生产成本明细账、基本生产成本明细账、制造费用明细账等。

（3）根据辅助生产成本明细账编制辅助生产成本分配表，分配辅助生产成本。

（4）根据制造费用明细账编制制造费用分配表，在各种产品之间分配制造费用，并据以登记基本生产成本明细账。

（5）根据各产品基本生产成本明细账编制产品成本计算单，分配完工产品成本和在产品成本。

（6）编制产成品的成本汇总表，结转产成品成本。

三、产品成本计算的分批法

（一）分批法的特点

分批法是产品成本计算的一种方法。它以产品的批别作为产品成本核算对象，并归集和分配生产成本。由于产品的批别多是根据销货订单确定，因此也称订单法。这种方法主要适用于单件、小批生产的企业，如造船、精密仪器制造等，也可用于一般企业中新产品的试制或试验性生产等。

分批法计算成本的主要特点：一是核算对象是事先订货或企业规定的产品批别。二是成本的计算与生产任务通知单的签发和结束紧密配合。因此，使用此方法的产品成本计算是不定期的，成本计算周期与产品生产周期大体一致，但与财务报告期不一致。三是基本不存在完工产品与在产品之间的分配成本。由于该方法的成本计算周期与产品的生产周期大体一致，因此，在月末计算产品成本时，基本没有在产品的问题。

（二）分批法成本核算的一般步骤

（1）按产品批别设置产品基本生产成本明细账、辅助生产成本明细账。账内按成本项目设置专栏，按车间设置制造费用明细账。同时，设置待摊费用、预提费用等明细账。

（2）根据各生产费用的原始凭证或原始凭证汇总表和其他有关资料，编制各种要素费用分配表，分配各要素费用并登账。对于直接计入费用，应按产品批别列示并直接计入各个批别的产品成本明细账；对于间接计入费用，应按生产地点归集，并按适当的方法分配计入各个批别的产品成本明细账。

（3）月末根据完工批别产品的完工通知单，将计入已完工的该批产品的成本明细账所归集的生产费用，按成本项目加以汇总，计算出该批完工产品的总成本和单位成本并转账。分批法条件下，月末完工产品与在产品之间的费用分配有以下几种情况：

第一，如果是单件生产，产品完工以前，产品成本明细账所记录的生产费用都是在产品成本；产品完工时，产品成本明细账所记录的生产费用，就是完工产品成本，因而在月末计算成本时，不存在完工产品与在产品之间分配费用的问题。

第二，如果是小批生产，批内产品一般都能同时完工，在月末计算成本时，或是全部已经完工，或是全部没有完工，因而一般也不存在完工产品与在产品之间分配费用的问题。

第三，如果批内产品跨月陆续完工，则应在完工产品和在产品之间分摊成本，具体处理方法应简单易行。如按计划单位成本、定额单位成本、同一产品近期实际单位成本计算的产品成本，以及产品成本明细表中转入的产品成本，各项费用余额之和即为产品成本，也可以根据具体条件采用前述的分配方法。

四、产品成本计算的分步法

（一）分步法的特点

分步法是对各步骤半成品和最后产成品进行成本计算的一种方法。它以生产过程中各个加工步骤（分品种）为成本核算对象，并归集和分配生产成本。这种方法适用于大量大批的多步骤生产企业，如冶金、纺织等企业。在这类企业中，产品生产可以分为多个生产步骤，分别进行成本管理，一般不仅要按照产品品种计算成本，而且要按照生产步骤计算成本，目的是为考核和分析产品及生产步骤的成本计划的执行情况提供资料。

分步法计算成本的主要特点包括：一是成本核算对象是各种产品的生产

步骤。如果企业只生产一种产品，那么成本核算对象就是此种产品及其所经过的各生产步骤。其成本计算期是固定的，但与产品的生产周期不一致。二是月末为计算完工产品成本，需要将归集在生产成本明细账中的生产成本在完工产品和在产品之间进行分配。三是除了按品种计算和结转产品成本外，还需要计算和结转产品的各步骤成本。其成本核算对象是各种产品及其所经过的各加工步骤。

（二）分步法成本核算的一般步骤

在实际业务中，根据成本管理规则，对每一个生产过程的成本信息有各种计算（如是否要求计算半成品成本）和简化计算的要求。每个生产过程的成本计算和换算一般分为逐步结转分步法和平行结转分步法两种方式。

1. 逐步结转分步法

逐步结转分步法是一种分阶段计算半成品成本的方法。根据产品加工的先后顺序，对半成品的成本进行逐级计算和换算，最后在成本计算过程中进行工序加工，计算出第一道工序流程的半成品成本，再换算成第二道工序流程。此时，第二步是根据第一步结果计算半成品成本。除了工艺消耗的材料成本和加工成本外，还可以得到第二道工序的半成品成本。这种方法适用于大量连续、复杂的生产企业。有时这些企业不仅将产成品作为商品销售，而且还按照生产流程销售半成品。例如，纺织厂的生铁、钢锭、棉纱等应计算半成品成本。

逐步结转分步法是将生产成本在完工产品和在产品之间进行分配。它的优点是：一是可以提供每道生产工序的半成品成本信息。二是为各生产步骤的在产品实物管理及资金管理提供资料。三是能够全面地反映各生产步骤的生产耗费水平，更好地满足各生产步骤成本管理的要求。缺点是成本计算工作量大。采用逐步综合结转方法对各生产工序的半成品成本进行还原，增加了计算工作量。

逐步结转分步法按照成本在下一步成本计算单中的反映方式，还可以分为综合结转和分项结转两种方法。综合结转法是指上一阶段至下一阶段的半成品成本价，以"直接材料"或专设的"半成品"项目综合列入下一步骤的成本计算单中。如果半成品是通过半成品库收发的，每个月生产的半成品的单位成本是不同的，因而所耗半成品的单位成本可以如材料核算一样，采用先进先出法或加权平均法进行计算。分项结转法是指将上一步骤的半成品成本按原始成本项目分别转入下一步骤成本计算单中相应的成本项目内，逐步计算并结转半成品成本，直到在最后加工步骤计算出产成品成本的一种逐步结转分步法。

2. 平行结转分步法

平行结转分步法也称不计算半成品成本分步法。它是指在计算各步骤成本时，不计算各步骤所生产半成品的成本，也不计算各步骤所消耗上一步骤的半成品成本，而只计算本步骤发生的各项其他成本，以及这些成本中应计入产成品的份额，将相同产品的各步骤成本明细账中的这些份额平行结转、汇总，即可计算出该种产品的产成品成本。

成本核算对象和成本结转程序：采用平行结转分步法的成本核算对象是各种产成品及其经过的各生产步骤中的成本份额。而各步骤的产品生产成本并不伴随着半成品实物的转移而结转，各生产步骤均不计算本步骤的半成品成本，尽管半成品的实物转入下一生产步骤继续加工，但其成本并不结转到下一生产步骤的成本计算单中，只是在产品最后完工时，才将各步骤生产成本中应由完工产品负担的份额从各步骤成本计算单中转出，平行汇总产成品的成本。

产品生产成本在产成品与在产品之间的分配：采用平行结转分步法，月末将各生产工序的生产成本分摊到产成品与在产品之间。但产成品是指企业完成的最终产品，在产品是指各步骤尚未加工完成的在产品和各步骤已完工但尚未最终完成的产品。

平行结转分步法的优点：各步骤可以同时计算产品成本，平行汇总计入产成品成本，不必逐步结转半成品成本。能够直接提供按原始成本项目反映的产成品成本资料，不必进行成本还原，因而能够简化和加速成本计算工作。其缺点是：不能提供各个步骤的半成品成本资料。在产品的费用在产品最后完成以前，不随实物转出而转出，即不按其所在的地点登记，而按其发生的地点登记，因而不能为各个生产步骤在产品的实物和资金管理提供资料。各生产步骤的产品成本不包括所耗半成品费用，因而不能全面地反映各步骤产品的生产耗费水平（第一步骤除外），不能更好地满足这些步骤成本管理的要求。

第二节　财产清查的方法

一、财产清查概述

财产清查，是通过对货币资金、实物资产和往来款项等财产物资的盘点或核对，确定其实存数，查明账存数与实存数是否相符的一种方法。

（一）财产清查的种类

财产清查可以按照范围、时间和执行系统进行分类。其中按照清查范围可以分为全面清查和局部清查；按照清查时间可以分为定期清查和不定期清查；按照清查的执行系统可以分为内部清查和外部清查。

1. 按照清查范围分类

全面清查是对全部财产进行彻底的盘点和核对。需要全面清查的情况通常有：①年终决算前；②在合并、撤销或改变隶属关系前；③中外合资、国内合资前；④股份制改造前；⑤开展全面的资产评估、清产核资前；⑥单位主要领导调离工作前；等等。

局部清查是根据实际需要对部分财产进行盘点和核对。局部清查的范围和对象，要根据业务需要和相关具体情况而定。一般而言，对于流动性较大的财产物资（原材料、在产品、产成品），要根据实际需要随时轮流盘点或重点抽查；每月都要严格清查盘点贵重的财产物资；每日终了出纳人员都要仔细清点核对库存现金；企业至少每月同银行核对一次银行存款的数额；对于一些债权、债务，企业每年应至少同债权人、债务人核对一次至两次。

2. 按照清查时间分类

定期清查是按照预先计划安排的时间（年末、季末、月末）对财产进行的盘点和核对。

不定期清查是指事前不规定清查日期，而是根据特殊需要临时进行的盘点和核对。不定期清查主要在以下情况下进行：①财产物资、库存现金保管人员更换时，要对有关人员保管的财产物资、库存现金进行清查，以分清经济责任，便于办理交接手续；②发生自然灾害和意外损失时，要对受损失的财产物资进行清查，以查明损失情况；③上级主管、财政、审计和银行等部门，对本单位进行会计检查，应按检查的要求和范围对财产物资进行清查，以验证会计资料的可靠性；④开展临时性清产核资时，要对本单位的财产物资进行清查，以便摸清家底。

3. 按照清查执行系统分类

内部清查是由本单位内部自行组织实施的财产清查工作。大多数财产清查都是内部清查。

外部清查是由上级主管部门、审计机关、司法部门、注册会计师等根据国家有关规定或情况需要对本单位进行的财产清查。正常情况下，进行外部清查时应有本单位相关人员参加。

（二）财产清查的一般程序

财产清查既是会计核算的一种专门方法，又是财产物资管理的一项重要制度，企业必须有计划、有组织地进行财产清查。

财产清查的一般程序为：①建立财产清查组织；②组织清查人员学习有关政策规定，掌握有关法律、法规和相关业务知识，以提高财产清查工作的质量；③确定清查对象、范围，明确清查任务；④制订清查方案，具体安排清查内容、时间、步骤、方法，以及清查前必要的准备工作；⑤清查时本着先清查数量、核对有关账簿记录等，后认定质量的原则进行；⑥填制盘存清单；⑦根据盘存清单，填制实物、往来账项清查结果报告表。

二、财产清查的方法

（一）货币资金的清查方法

1. 库存现金的清查

用实地盘点法确定库存现金是否存在后，进行库存现金的盘点，核对库存现金的日账户余额，确认是否与实际账面相符。一般由主管会计或财务负责人、出纳人员共同核对各种纸币的张数、硬币的数量并编制库存现金清查报告表。在核对过程中，出纳人员必须在场，核对完毕，所有相关业务必须登记在现金日记账上。盘点时，一方面，要注意账本和实际情况是否一致；另一方面，要检查现金管理制度的合规性。库存调查结束后，应编制一份"库存现金盘点调查报告"，作为重要的原始凭证。

2. 银行存款的清查

银行存款的清查是采用与开户银行核对账目的方法进行的，即将本单位银行存款日记账的账簿记录与开户银行转来的对账单进行逐笔核对，查明银行存款的实有数额。银行存款的清查一般在月末进行。清查过程中，将所有银行存款的收付业务都登记入账后，对发生的错账、漏账应及时查清更正，再与银行的对账单进行逐笔核对。如果二者余额相符，通常说明没有错误；如果二者余额不相符，则可能是企业或银行一方或双方记账过程有错误或者存在未达账项。

所谓未达账项，是指企业与银行之间，一方收到凭证并已入账，另一方未收到凭证因而未能入账的账项。

未达账项一般分为以下4种情况：①企业已收款记账，银行未收款、未记账的款项。例如，企业已将收到的购货单位开出的转账支票送存银行并且入账，但是，因银行尚未办妥转账收款手续而没有入账。②企业已付款记账、银行未付款未记账的款项。例如，企业开出的转账支票已经入账，但是，因收款单位尚未到银行办理转账手续或银行尚未办妥转账付款手续而没有入账。③银行已收款记账，企业未收款、未记账的款项。例如，企业委托银行代收的款项，银行已经办妥收款手续并入账，但是，因收款通知尚未到达企业而使企业没有入账。④银行已付款记账、企业未付款未记账的款项。例如，企业应付给银行的借款利息，银行已经办妥付款手续并且入账，但是，因付款通知尚未到达企业而使企业没有入账。

上述任何一种未达账项的存在，都会使企业银行存款日记账的余额与银行开出的对账单的余额不符。所以，在与银行对账时首先应查明是否存在未达账项，如果存在未达账项，应当编制"银行存款余额调节表"，据以确定企业银行存款实有数。

银行存款的清查按以下步骤进行：①根据经济业务、结算凭证的种类、号码和金额等资料，逐日逐笔核对银行存款日记账和银行对账单，凡双方都有记录的，用铅笔在金额旁打"√"；②找出未达账项（银行存款日记账和银行对账单中没有打"√"的款项）；③将日记账和对账单的月末余额及找出的未达账项填入"银行存款余额调节表"，并计算出调整后的余额；④将调整平衡的"银行存款余额调节表"，经主管会计签章后，送达开户银行。

银行存款余额调节表的编制，是以企业银行存款日记账余额和银行对账单余额为基础，各自分别加上对方已收款入账而己方尚未入账的数额，减去对方已付款入账而己方尚未入账的数额，其计算方法如表6-2所示。

表 6-2　银行存款余额调节表计算方法

企业银行日记账余额	银行存款余额
加：银行已收企业未收	加：企业已收银行未收
减：银行已付企业未付	减：企业已付银行未付

银行存款余额调节表格式如表6-3所示。

表 6-3　银行存款余额调节表格式

被审计单位：

开户行及账号：　　　　　　　　　　核对日期：　　　年　　月　　日

银行对账单余额：					单位银行存款余额：				
年		摘要	凭证号	加单位已收银行未收	减单位已付银行未付	年		摘要	加银行已收单位未收	减银行已付单位未付
月	日					月	日			

续表

年		摘要	凭证号	加单位已收银行未收	减单位已付银行未付	年		摘要	加银行已收单位未收	减银行已付单位未付
月	日					月	日			
		合计						合计		
调整后银行存款余额					调整后单位存款余额					
编制人：					财务负责人：					

需要注意的是，"银行存款余额调节表"只是为了核对账目，不能作为调整企业银行存款账面记录的记账依据。

（二）实物资产的清查方法

实物资产主要包括固定资产、存货等。实物资产的清查是为考察实物资产的数量和质量而进行的清查。通常采用以下两种清查方法：

1. 实地盘点法

通过点数、过磅、量尺等方法来确定实物资产的实有数量。实地盘点法适用范围较广，在多数财产物资清查中都可以采用。

2. 技术推算法

利用一定的技术方法对财产物资的实存数进行推算，又称估推法。采用这种方法时，对于财产物资不是逐一清点计数，而是通过量方、计尺等技术推算财产物资的结存数量。技术推算法只适用于成堆量大而价值不高，且逐一清点的工作量和难度较大的财产物资的清查。例如，露天堆放的煤炭等。

对于实物的质量，应根据其性质或特点，采用物理或化学方法对其质量进行检验。

实物清查时，实物保管人员和现场清查人员必须同时到场。对于盘点结果，应如实登记盘存单（见图6-1），由清查人员和实物保管人在结果上签字盖章，明确经济责任。盘存单既是记录盘点结果的书面证明，也是反映财产物资实存数的原始凭证。

盘存单

单位名称：　　　　　　　　　　盘点时间：　　　　　　　　编号：
财产类别：　　　　　　　　　　存放地点：

编号	名称	计量单位	数量	单价	金额	备注

盘点人签章＿＿＿＿＿＿＿＿　　　　　　　　保管人签章＿＿＿＿＿

图 6-1　盘存单

为了查明库存实际数量与账面数量是否一致，确定盘盈或盘亏情况，应根据盘存单和相关会计记录编制实存账存对比表，如表6-4所示。实存账存对比表是调整账务记录的重要原始凭证，是分析凭证存在差异的原因、明确经济责任的基础。

表 6-4　实存账存对比表

单位名称：　　　　　　　　　　　年　　月　　日

编号	类别及名称	计量单位	单价	实存		账存		对比结果				备注
				数量	金额	数量	金额	盘盈		盘亏		
								数量	金额	数量	金额	

主管负责人：　　　　　　　　复核：　　　　　　　　　　　　制表：

（三）往来款项的清查方法

往来款项主要包括未收、未付款账户和预收、预付款项等。往来款项的清查一般采用发函询证的方法进行核对。清查单位应在其各种往来款项记录准确的基础上，按每一个经济往来企业填制"往来款项对账单"一式两联，其中一联送交对方企业核对账目，另一联作为回单联。对方企业经过核对相符后，在回单联上加盖公章退回，表示已核对。如两方数字不符，对方企业应在对账单中注明情况退回本企业，本企业进一步查明原因后再行核对。

三、财产清查结果的处理

财产清查中发现的问题，如财产物资的盘盈、盘亏、毁损或其他各种损失，应核实情况，调查分析产生问题的原因，根据"清查结果报告表""盘点报告表"等，填制记账凭证，记入有关账簿，使账簿记录与实际盘存数相符，同时按管理权限向股东报告处理意见，经股东大会或董事会、总经理会议或类似机构批准后进行处理。

财产清查产生的损益，应当在企业期末结账前查明。根据企业管理权限，经股东大会或董事会或经理（厂长）会议或类似机构批准后，应在期末结账前处理完毕。如果期末结账前，在提供财务报表时尚未经批准的，需按相关规定进行相应账务处理，并在附注中做出说明。其后，如果批准处理的金额与已处理金额不一致的，则要调整财务报表相关项目的期初数。

第三节　更正错账的方法

在记账过程中，由于各种原因，可能会出现账簿差错。会计账簿记载有错误时，应当采用正确、规范的方法予以更正，不得涂改、挖补、刮擦、药水消除，不得重新抄录。更正错账的方法有如下三种。

一、画线更正法

在结账前发现账簿记录有文字或数字错误，而记账凭证没有错误时，应当采用画线更正法。更正时，可在错误的文字或数字上画一条红线，在红线的上方填写正确的文字或数字，并由记账人员和会计机构负责人（会计主管人员）在更正处盖章，以明确责任。需要注意的是，对于数字错误更正时不得只划销错误数字，应将全部数字划销，并保持原有数字清晰可辨，以便审查。例如，把"3457"元误记为"4357"元时，应将错误数字"4357"全部用红线注销后，再写上正确的数字"3457"，而不是只删改一个数字。如记账凭证中的文字或数字发生错误，在尚未过账前，也可用画线更正法更正。

二、红字更正法

红字更正法，适用于以下两种情况：

（1）记账后发现记账凭证中应借、应贷会计科目有错误所引起的记账错误。更正方法是：用红字填写一张与原记账凭证完全相同的记账凭证，在摘要栏内写明"注销某月某日某号凭证"，并据以用红字登记入账，以示注销原记账凭证；然后用蓝字填写一张正确的记账凭证，并据以用蓝字登记入账。

（2）记账后发现记账凭证和账簿记录中应借、应贷会计科目无误，只是所记金额大于应记金额所引起的记账错误。更正方法是：按多记的金额用红字编制一张与原记账凭证应借、应贷科目完全相同的记账凭证，在摘要栏内写明"冲销某月某日第×号记账凭证多记金额"，以冲销多记的金额，并据以用红字登记入账。

三、补充登记法

记账后发现记账凭证和账簿记录中应借、应贷会计科目无误，只是所记金额小于应记金额时，应当采用补充登记法。更正方法是：按少记的金额用蓝字填制一张与原记账凭证应借、应贷科目完全相同的记账凭证，在摘要栏内写明"补记某月某日第×号记账凭证少记金额"，以补充少记的金额，并据以用蓝字登记入账。

第四节　会计档案管理

会计档案是记录和反映经济业务事项的重要史料和证据。企业应加强会计档案的管理，建立健全会计凭证的收集、整理、保管、使用和鉴定销毁等管理制度，采用可靠的安全防护技术和措施，确保会计档案符合真实性、完整性、可用性和安全性的要求。

一、会计档案的概念

会计档案是企业在会计核算过程中收到或形成的，记录和反映本企业经济业务情况的重要史料和证据。它们是由计算机和其他电子设备（包括电子会计凭证）形成、传输和存储的各种具有保存价值的会计数据，如文字、图表等。这里要注意的是，各企业的预算、计划、制度等文件都是文件档案，不是会计档案。

二、会计档案的归档

根据《会计档案管理办法》，会计档案归档有以下要求。

（一）会计档案的归档范围

会计档案的归档范围有：①会计凭证，包括原始凭证、记账凭证；②会计账簿，包括总账、明细账、日记账、固定资产卡片及其他辅助性账簿；③财务会计报告，包括月度、季度、半年度财务会计报告和年度财务会计报告；④其他会计资料，包括银行存款余额调节表、银行对账单、纳税申报表、会计档案移交清册、会计档案保管清册、会计档案销毁清册、会计档案鉴定意见书及其他具有保存价值的会计资料。

（二）会计档案的归档要求

第一，企业可以利用计算机、网络通信等信息技术手段管理会计档案。

同时满足下列条件的，企业内部形成的属于归档范围的电子会计资料可仅以电子形式保存，形成电子会计档案：①形成的电子会计资料来源真实有效，由计算机等电子设备形成和传输；②使用的会计核算系统能够准确、完整、有效接收和读取电子会计资料，能够输出符合国家标准归档格式的会计凭证、会计账簿、财务会计报表等会计资料，设定了经办、审核、审批等必要的审签程序；③使用的电子档案管理系统能够有效接收、管理、利用电子会计档案，符合电子档案的长期保管要求，并建立了电子会计档案与相关联的其他纸质会计档案的检索关系；④采取有效措施，防止电子会计档案被篡改；⑤建立电子会计档案备份制度，能够有效防范自然灾害、意外事故和人为破坏的影响；⑥形成的电子会计资料不属于具有永久保存价值或者其他重要保存价值的会计档案。满足上述条件，企业从外部接收的电子会计资料附有符合《中华人民共和国电子签名法》规定的电子签名的，可仅以电子形式归档保存，形成电子会计档案。

第二，企业的会计机构或会计人员所属机构（以下统称单位会计管理机构）按照归档范围和归档要求，负责定期将应当归档的会计资料整理立卷，编制会计档案保管清册。

第三，当年形成的会计档案，在会计年度终了后，可由单位会计管理机构临时保管1年，再移交企业档案管理机构保管。因工作需要确需推迟移交的，应当经企业档案管理机构同意。企业会计管理机构临时保管会计档案最长不超过3年。临时保管期间，会计档案的保管应当符合国家档案管理的有关规定，且出纳人员不得兼管会计档案。

三、会计档案的移交和利用

根据《会计档案管理办法》，会计档案的移交和利用需要遵守以下规定。

（一）会计档案的移交

单位会计管理机构在办理会计档案移交时，应当编制会计档案移交清册，并按照国家档案管理的有关规定办理移交手续。

纸质会计档案移交时应当保持原卷的封装；电子会计档案移交时应当将电子会计档案及其元数据一并移交，且文件格式应当符合国家档案管理的有关规定；特殊格式的电子会计档案应当与其读取平台一并移交。

单位档案管理机构接收电子会计档案时，应当对电子会计档案的准确性、完整性、可用性和安全性进行检测，符合要求的才能接收。

（二）会计档案的利用

单位应当严格按照相关制度利用会计档案，在进行会计档案查阅、复制、借出时履行登记手续，严禁篡改和损坏。

单位保存的会计档案一般不得对外借出，确因工作需要且根据国家有关规定必须借出的，应当严格按照规定办理相关手续。会计档案借用单位应当妥善保管和利用借入的会计档案，确保借入会计档案的安全完整，并在规定时间内归还。

四、会计档案的保管期限

根据《会计档案管理办法》的规定，会计档案保管期限分为永久、定期两类。会计档案的保管期限是从会计年度终了后的第一天算起。永久，即指会计档案需永久保存；定期，指会计档案保存应达到法定的时间，定期保管期限一般分为10年和30年。《会计档案管理办法》规定的会计档案保管期限为最低保管期限。企业会计档案的具体名称如有与《会计档案管理办法》附表所列档案名称不符的，应当比照类似档案的保管期限办理。企业和其他组织会计档案保管期限如表6-5所示。

表 6-5 企业和其他组织会计档案保管期限

序号	档案名称	保管期限	备注
一	会计凭证		
1	原始凭证	30 年	
2	记账凭证	30 年	
二	会计账簿		
3	总账	30 年	
4	明细账	30 年	
5	日记账	30 年	

续表

序号	档案名称	保管期限	备注
6	固定资产卡片		固定资产报废清理后保管 5 年
7	其他辅助性账簿	30 年	
三	财务会计报告		
8	月度、季度、半年度财务会计报告	10 年	
9	年度财务会计报告	永久	
四	其他会计资料		
10	银行存款余额调节表	10 年	
11	银行对账单	10 年	
12	纳税申报表	10 年	
13	会计档案移交清册	30 年	
14	会计档案保管清册	永久	
15	会计档案销毁清册	永久	
16	会计档案鉴定意见书	永久	

财政总预算、行政单位、事业单位和税收会计档案保管期限如表6-6所示。

表 6-6　财政总预算、行政单位、事业单位和税收会计档案保管期限

序号	档案名称	保管期限			备注
		财政总预算	行政单位、事业单位	税收会计	
一	会计凭证				
1	国家金库编送的各种报表及缴库退库凭证	10 年		10 年	
2	各收入机关编送的报表	10 年			

续表

序号	档案名称	保管期限			备注
		财政 总预算	行政单位、 事业单位	税收 会计	
3	行政单位和事业单位 的各种会计凭证		30 年		包括原始凭证、记账 凭证和传票汇总表
4	财政总预算拨款凭证 和其他会计凭证	30 年			包括拨款凭证和其他 会计凭证
二	会计账簿				
5	日记账		30 年	30 年	
6	总账	30 年	30 年	30 年	
7	税收日记账（总账）			30 年	
8	明细分类、分户账或 登记簿	30 年	30 年	30 年	
9	行政单位和事业单位 固定资产卡片				固定资产报废清理后 保管 5 年
三	财务会计报告				
10	政府综合财务报告	永久			下级财政、本级部门和 单位报送的保管 2 年
11	部门财务报告		永久		所属单位报送的保管 2 年
12	财政总决算	永久			下级财政、本级部门和 单位报送的保管 2 年
13	部门决算		永久		所属单位报送的保管 2 年
14	税收年报（决算）			永久	
15	国家金库年报（决算）	10 年			
16	基本建设拨、贷款年 报（决算）	10 年			

续表

序号	档案名称	保管期限			备注
		财政总预算	行政单位、事业单位	税收会计	
17	行政单位和事业单位会计月、季度报表		10 年		所属单位报送的保管2 年
18	税收会计报表			10 年	所属税务机关报送的保管 2 年
四	其他会计资料				
19	银行存款余额调节表	10 年	10 年		
20	银行对账单	10 年	10 年	10 年	
21	会计档案移交清册	30 年	30 年	30 年	
22	会计档案保管清册	永久	永久	永久	
23	会计档案销毁清册	永久	永久	永久	
24	会计档案鉴定意见书	永久	永久	永久	

注：税务机关的税务经费会计档案保管期限，按行政单位会计档案保管期限规定办理。

第七章

会计循环的终点——编制会计报表

　　财务会计报告是会计主体为了让外界了解企业某一特定日期的财务状况和一定期间的经营成果、现金流量而出具的书面性文件。在会计核算中，会计主体通过设置、登记会计账簿，能够全面、连续、系统地反映企业经济业务及其结果。但因会计账簿资料分散在各个会计账户中，不能清晰地发现经济数据间的内在联系，因此，编制财务报告可以帮助外界更清楚地了解企业内部的真实情况。

第一节 编制资产负债表的方法与技巧

一、资产负债表的内容

资产负债表反映了企业在某一特定日期所拥有、控制的经济资源和所承担的现时义务以及所有者对净资产的要求权。资产负债表着重展示企业的资产规模和资产结构，显示了企业的变现能力、周转能力和资产安全系数等。

二、资产负债表的结构

我国资产负债表的结构是账户式，报表分左、右两边，左边是资产类项目，反映全部资产的分布及存在形态；右边是负债和所有者权益类项目，反映全部负债和所有者权益的内容及构成情况。资产负债表左右平衡，资产总计等于负债加所有者权益，即资产=负债+所有者权益。此外，为方便使用者比较不同时间内（如比较前后两年）企业资产负债表数据来掌握企业财务的真实状况，资产负债表应分"期末余额"和"上年年末余额"两栏分别填列。

根据财务报表列报准则的规定，按照从上到下、从左到右的顺序，资产负债表基本是按照流动性编排的。流动性一般按资产的变现或耗用时间长短或者负债的偿还时间长短来确定。

一般企业将资产和负债分别分为流动资产和非流动资产、流动负债和非流动负债列示。但是，对于银行、证券、保险等金融企业而言，有些资产或负债无法严格按照上面的标准分类，而大致按照流动性顺序列示往往能够提供可靠且更相关的信息。

（一）资产的流动性划分

资产满足下列条件之一的，应当归类为流动资产：①预期一个正常营业周期可以变现、出售或耗用。主要包括存货、应收票据、应收账款等资产。值得注意的是，一般只有应收票据、应收账款等涉及变现；出售一般指卖出产品等存货；耗用一般指将原材料转换成产成品。②为交易目的而持有。如满足《企业会计准则第22号——金融工具确认和计量》规定而持有的交易性的金融资产。但并非所有交易性金融资产都是流动资产，如自资产负债表日起超过12个月到期且预期持有超过12个月的衍生工具应当划分为非流动资产或非流动负债。③预计在资产负债表日起一年内（含一年，下同）变现的资产。④从资产负债表日起一年内，交换其他资产或清偿负债的能力不受限制的现金或现金等价物。同时，流动资产以外的资产应当归类为非流动资产。

所谓"正常营业周期"，指企业从购买用来进行加工的资产起至实现现金或现金等价物止的这段时间。正常营业周期一般短于一年，在一年内有几个营业周期。但是，由于生产周期较长等原因会出现正常营业周期大于一年的情况，在这种情况下，即使有关资产通常超过一年才能变现、出售或耗用的，仍应当划分为流动资产。当正常营业周期不能确定时，企业应当以一年（12个月）作为正常营业周期。

（二）负债的流动性划分

流动负债的判断标准与流动资产的判断标准类似。负债满足下列条件之一的，应当归类为流动负债：①预计在一个正常营业周期中清偿；②主要为交易目的而持有；③从资产负债表日起一年内到期应予以清偿；④企业无权自主地将清偿日期推迟至资产负债表日后一年以上。

但是，企业正常营业周期中的经营性负债项目即使在资产负债表日后超过一年才予以清偿的，仍应划分为流动负债。经营性负债项目包括应付票据及应付账款、应付职工薪酬等，这些项目属于企业正常营业周期中使用的营运资金的一部分。关于可转换工具负债成分的分类还需要注意的是，负债在其对手方选择的情况下可通过发行权益进行清偿的条款与在资产负债表日负债的流动性划分无关。

此外，企业在判断负债的流动性划分时，对于资产负债表日后事项的有关影响需要特别加以考虑。总体判断原则是：企业在资产负债表上对债务的流动性和非流动性划分，应当反映在资产负债表日有效的合同安排上，考虑在资产负债表日起一年内企业是否必须无条件清偿；而资产负债表日之后（即使是财务报告批准报出日前）的再融资、展期或提供宽限期等行为，与资产负债表日判断负债的流动性状况无关。具体而言：①对于在资产负债表日起一年内到期的负债，企业有意图且有能力自主地将清偿义务展期至资产负债表日后一年以上的，应当归类为非流动负债；不能自主地将清偿义务展期的，即使在资产负债表日后、财务报告批准报出日前签订了重新安排清偿计划协议，该项负债在资产负债表日仍应当归类为流动负债。②企业在资产负债表日或之前违反了长期借款协议，导致贷款人可随时要求清偿的负债，应当归类为流动负债。但是，如果贷款人在资产负债表日或之前同意提供在资产负债表日后一年以上的宽限期，在此期限内企业能够改正违约行为，且贷款人不能要求随时清偿的，在资产负债表日的此项负债并不符合流动负债的判断标准，应当归类为非流动负债。

2019年4月30日，财政部发布了《关于修订印发2019年度一般企业财务报表格式的通知》，这是继2017年年末和2018年6月发布的财务报表格式修订以及2018年9月发布的对财务报表格式有关问题的解读之后，财务报表格式的又一次变化，其主要应对分阶段实施的新租赁准则以及企业会计准则实施中的有关情况。该通知将适用于执行企业会计准则的非金融企业2019年度中期财务报表和年度财务报表及以后期间的财务报表。本章的报表格式来源于2019年度一般企业财务报表格式（适用于已执行新金融准则、新收入准则和新租赁准则的企业），其中资产负债表格式如表7-1所示。

表7-1　资产负债表

会企 01 表

编制单位：	＿＿年＿＿月＿＿日			单位：元	
资产	期末余额	上年年末余额	负债和所有者权益（或股东权益）	期末余额	上年年末余额
流动资产：			流动负债：		
货币资金			短期借款		
交易性金融资产			交易性金融负债		

续表

资产	期末余额	上年年末余额	负债和所有者权益（或股东权益）	期末余额	上年年末余额
衍生金融资产			衍生金融负债		
应收票据			应付票据		
应收账款			应付账款		
应收款项融资			预收款项		
预付款项			合同负债		
其他应收款			应付职工薪酬		
存货			应交税费		
合同资产			其他应付款		
持有待售资产			持有待售负债		
一年内到期的非流动资产			一年内到期的非流动负债		
其他流动资产			其他流动负债		
流动资产合计			流动负债合计		
非流动资产：			非流动负债：		
债权投资			长期借款		
其他债权投资			应付债券		
长期应收款			其中：优先股		
长期股权投资			永续债		
其他非流动金融资产			长期应付款		
其他非流动金融资产			长期应付款		
投资性房地产			预计负债		
固定资产			递延收益		
在建工程			递延所得税负债		
生产性生物资产			其他非流动负债		
油气资产			非流动负债合计		

资产	期末余额	上年年末余额	负债和所有者权益（或股东权益）	期末余额	上年年末余额
使用权资产			负债合计		
无形资产			所有者权益（或股东权益）：		
开发支出			实收资本（或股本）		
商誉			其他权益工具		
长期待摊费用			其中：优先股		
递延所得税资产			永续债		
其他非流动资产			资本公积		
非流动资产合计			减：库存股		
			其他综合收益		
			专项储备		
			盈余公积		
			未分配利润		
			所有者权益（或股东权益）合计		
资产总计			负债和所有者权益（或股东权益）总计		

三、资产负债表项目的填列方法

（一）资产负债表"期末余额"栏的填列方法

本表"期末余额"栏一般要根据资产、负债和所有者权益类科目的期末余额填列。

1. 根据总账科目的余额填列

"其他权益工具投资""递延所得税资产""长期待摊费用""短期借款""应付票据""持有待售负债""交易性金融负债""租赁负债""递延收益""递延所得税负债""实收资本（或股本）""其他权益工具""库存股""资

本公积""其他综合收益""专项储备""盈余公积"等项目，要根据有关总账科目的余额填列。其中，从资产负债表日起一年内到期应予以清偿的租赁负债的期末账面价值，在"一年内到期的非流动负债"项目中反映；"长期待摊费用"项目中摊销年限（或期限）只剩一年或不足一年的，或者预计在一年内（含一年）进行摊销的部分，仍在"长期待摊费用"项目中列示，不转入"一年内到期的非流动资产"项目；"递延收益"项目中摊销期限只剩一年或不足一年的，或预计在一年内（含一年）进行摊销的部分，不得归类为流动负债，仍在该项目中填列，不转入"一年内到期的非流动负债"项目。有些项目则应根据几个总账科目的余额计算填列，如"货币资金"项目、"其他应付款"项目。

2. 根据明细账科目的余额分析计算填列

"开发支出"项目，应根据"研发支出"科目中所属的"资本化支出"明细科目期末余额填列；"应付账款"项目，应根据"应付账款"和"预付账款"科目所属的相关明细科目的期末贷方余额合计数填列；"预收款项"项目，应根据"预收账款"和"应收账款"科目所属各明细科目的期末贷方余额合计数填列；"交易性金融资产"项目，应根据"交易性金融资产"科目的明细科目期末余额分析填列，从资产负债表日起超过一年到期且预期持有超过一年的以公允价值计量且其变动计入当期损益的非流动金融资产，在"其他非流动金融资产"项目中填列；"其他债权投资"项目，应根据"其他债权投资"科目的明细科目余额分析填列，从资产负债表日起一年内到期的长期债权投资，在"一年内到期的非流动资产"项目中填列，购入的以公允价值计量且其变动计入其他综合收益的一年内到期的债权投资，在"其他流动资产"项目中填列；"应收款项融资"项目，应根据"应收票据""应收账款"科目的明细科目期末余额分析填列；"应交税费"项目，应根据"应交税费"科目的明细科目期末余额分析填列，其中的借方余额，应当根据其流动性在"其他流动资产"或"其他非流动资产"项目中填列；"一年内到期的非流动资产""一年内到期的非流动负债"项目，应根据有关非流动资产或负债项目的明细科目余额分析填列；"应付职工薪酬"项目，应根据"应付职工薪酬"科目的明细科目期末余额分析填列；"预计负债"项目，应根据"预计负债"科目的明细科目期末余额分析填列；"未分配利润"项目，应根据"利润分配"科目中所属的"未分配利润"明细科目期末余额填列。

3. 根据总账科目和明细账科目的余额分析计算填列

"长期借款""应付债券"项目，应分别根据"长期借款""应付债券"总账科目余额扣除"长期借款""应付债券"科目所属的明细科目中将在资产负债表日起一年内到期，且企业不能自主地将清偿义务展期的部分后的金额计算填列；"其他流动资产""其他流动负债"项目，应根据有关总账科目及有关科目的明细科目期末余额分析填列；"其他非流动负债"项目，应根据有关科目的期末余额减去将于一年内（含一年）到期偿还数后的金额填列。

4. 根据有关科目余额减去其备抵科目余额后的净额填列

"持有待售资产""长期股权投资""商誉"项目，应根据相关科目的期末余额填列，已计提减值准备的，还应扣减相应的减值准备；"在建工程"项目，应根据"在建工程"和"工程物资"科目的期末余额，扣减"在建工程减值准备"和"工程物资减值准备"科目的期末余额后的金额填列；"固定资产"项目，应根据"固定资产"和"固定资产清理"科目的期末余额，减去"累计折旧"和"固定资产减值准备"科目的期末余额后的金额填列；"无形资产""投资性房地产""生产性生物资产""油气资产"项目，应根据相关科目的期末余额扣减相关的累计折旧（或摊销、折耗）后填列，已计提减值准备的，还应扣减相应的减值准备，折旧（或摊销、折耗）年限（或期限）只剩一年或不足一年的，或者预计在一年内（含一年）进行折旧（或摊销、折耗）的部分，仍在上述项目中列示，不转入"一年内到期的非流动资产"项目。采用公允价值计量的上述资产，应根据相关科目的期末余额填列。"长期应收款"项目，应根据"长期应收款"科目的期末余额，减去相应的"未实现融资收益"科目和"坏账准备"科目所属相关明细科目期末余额后的金额填列；"使用权资产"项目，应根据"使用权资产"科目的期末余额，减去"使用权资产累计折旧"和"使用权资产减值准备"科目的期末余额后的金额填列；"长期应付款"项目，应根据"长期应付款"和"专项应付款"科目的期末余额，减去相应的"未确认融资费用"科目期末余额后的金额填列。

5. 综合运用上述填列方法分析填列

"应收票据"项目，应根据"应收票据"科目的期末余额，减去"坏账准备"科目中相关坏账准备期末余额后的金额分析填列；"应收账款"项目，应根据"应收账款"科目的期末余额，减去"坏账准备"科目中相关坏账准备期末余额后的金额分析填列；"其他应收款"项目，应根据"其他应收款""应收利息""应收股利"科目的期末余额合计数，减去"坏账准备"科目中相关坏账准备期末余额后的金额填列；"预付款项"项目，应根据"预付账款"和"应付账款"科目所属各明细科目的期末借方余额合计数，减去"坏账准备"科目中相关坏账准备期末余额后的金额填列；"债权投资"项目，应根据"债权投资"科目下相关明细科目的期末余额，减去"债权投资减值准备"科目中相关减值准备的期末余额后的金额分析填列，从资产负债表日起一年内到期的长期债权投资，在"一年内到期的非流动资产"项目中填列，购入的以摊余成本计量的一年内到期的债权投资，在"其他流动资产"项目中填列；"合同资产"和"合同负债"项目，应根据"合同资产"科目和"合同负债"科目下明细科目期末余额分析填列，同一合同下的合同资产和合同负债应当以净额列示，其中净额为借方余额的，应当根据其流动性在"合同资产"或"其他非流动资产"项目中填列，已计提减值准备的，还应根据减去"合同资产减值准备"科目中相应的期末余额后的金额填列，其中净额为贷方余额的，应当根据其流动性在"合同负债"或"其他非流动负债"项目中填列；"存货"项目，应根据"材料采购""原材料""发出商品""库存商品""周转材料""委托加工物资""生产成本""受托代销商品"等科目的期末余额及"合同履约成本"科目下明细科目中初始确认时摊销期限不超过一年或一个正常营业周期的期末余额合计，减去"受托代销商品款""存货跌价准备"科目期末余额及"合同履约成本减值准备"科目中相应的期末余额后的金额填列，材料采用计划成本核算，以及库存商品采用计划成本核算或售价核算的企业，还应按加上或扣减材料成本差异、商品进销差价后的金额填列。"其他非流动资产"项目，应根据有关科目的期末余额减去将于一年内（含一年）收回数后的金额，以及"合同取得成本"科目和"合同履约成本"科目中明细科目初始确认时摊销期限在一年或一个正常营业周期以上的期末余额，减去"合同取得成本减值准备"科目和"合同履约成本减值准备"科目中相应的期末余额后的金额填列。

（二）资产负债表"上年年末余额"栏的填列方法

资产负债表中的"上年年末余额"栏通常根据上年末有关项目的期末余额填列，且与上年末资产负债表"期末余额"栏数额相一致，如果企业发生了会计政策变更、前期差错更正，那么应当对"上年年末余额"栏中的有关项目进行相应调整。如果企业上年度资产负债表规定的项目名称和内容与本年度不一致，则应当对上年年末资产负债表相关项目的名称和金额按照本年度的规定进行调整，填入"上年年末余额"栏。

第二节 编制利润表的方法与技巧

一、利润表的内容

利润表是反映企业在一定会计期间的经营成果的报表。利润表的经济数据要明确表现出企业经营业绩的主要来源和构成，有助于使用者判断净利润的质量、风险以及预测净利润的持续性，从而做出正确的决策。利润表能反映企业一定会计期间的收入和费用耗费情况，以及企业生产经营活动的成果等。将利润表中的信息与资产负债表中的信息相结合，可以用作财务分析的基本资料，如将销货成本与存货平均余额进行比较，计算出存货周转率；将净利润与资产总额进行比较，计算出资产收益率等；可以表现企业资金周转情况以及企业的盈利能力和水平，便于报表使用者判断企业未来的发展趋势，做出经济决策。

二、利润表的编制结构

常见的利润表结构主要分为单步式和多步式，我国企业利润表基本上采用多步式结构，即对当期的收入、费用、支出项目按性质加以归类，按利润形成的主要环节列示一些中间性利润指标，分步计算当期净损益，便于使用者理解企业经营成果的不同来源。利润表主要反映以下几方面的内容：①营业收入，由主营业务收入和其他业务收入组成；②营业利润，即营业收入减去营业成本（主营业务成本、其他业务成本）、税金及附加、销售费用、管理费用、研发费用、财务费用、信用减值损失、资产减值损失，加上其他收益、投资收益、净敞口套期收益、公允价值变动收益、资产处置收益；③利润总额，即营业利润加上营业外收入，减去营业外支出；④净利润，即利润总额减去所得税费用，按照经营可持续性具体分为"持续经营净利润"和"终止经营净利润"两项；⑤其他综合收益，具体分为"不能重分类进损益的其他综合收益"和"将重分类进损益的其他综合收益"两类，并以扣除相关所得税影响后的净额列报；⑥综合收益总额，即净利润加上其他综合收益的税后净额；⑦每股收益，包括基本每股收益和稀释每股收益两项指标。

其中，其他综合收益是指根据其他会计准则规定企业未在当期损益中确认的各项利得和损失。其他综合收益项目分为下列两类：①不能重分类进损益的其他综合收益，主要包括重新计量设定受益计划变动额、权益法不能转损益的其他综合收益变动、其他权益工具投资公允价值变动、企业自身信用风险公允价值变动等；②将重分类进损益的其他综合收益，主要包括权益法下可转损益的其他综合收益、其他债权投资公允价值变动、金融资产重分类计入其他综合收益的金额、其他债权投资信用减值准备、现金流量套期储备、外币财务报表折算差额、自用房地产或作为存货的房地产转换为以公允价值模式计量的投资性房地产在转换日公允价值大于账面价值的部分等。

此外，为了使报表使用者能够对不同期间利润的实现情况进行比较，以判断企业经营成果未来可能的走势，企业需要提供比较利润表，且利润表中各项目再分为"本期金额"和"上期金额"两栏分别填列，具体如表7-2所示。

表 7-2　利润表

会企 02 表

编制单位：	＿＿＿年＿＿＿月＿＿＿日	单位：元
项　目	本期金额	上期金额
一、营业收入		
减：营业成本		
税金及附加		
销售费用		
管理费用		
研发费用		
财务费用		
其中：利息费用		
利息收入		

续表

项 目	本期金额	上期金额
加：其他收益		
投资收益（损失以"–"号填列）		
其中：对联营企业和合营企业的投资收益		
以摊余成本计量的金融资产终止确认收益（损失以"–"号填列）		
净敞口套期收益（损失以"–"号填列）		
公允价值变动收益（损失以"–"号填列）		
信用减值损失（损失以"–"号填列）		
资产减值损失（损失以"–"号填列）		
资产处置收益（损失以"–"号填列）		
二、营业利润（亏损以"–"号填列）		
加：营业外收入		
减：营业外支出		
三、利润总额（亏损总额以"–"号填列）		
减：所得税费用		
四、净利润（净亏损以"–"号填列）		
（一)持续经营净利润(净亏损以"–"号填列）		
（二)终止经营净利润(净亏损以"–"号填列）		
五、其他综合收益的税后净额		
（一）不能重分类进损益的其他综合收益		
1. 重新计量设定受益计划变动额		
2. 权益法下不能转损益的其他综合收益		
3. 其他权益工具投资公允价值变动		

项　目	本期金额	上期金额
4. 企业自身信用风险公允价值变动		
……		
（二）将重分类进损益的其他综合收益		
1. 权益法下可转损益的其他综合收益		
2. 其他债权投资公允价值变动		
3. 金融资产重分类计入其他综合收益的金额		
4. 其他债权投资信用减值准备		
5. 现金流量套期储备		
6. 外币财务报表折算差额		
……		
六、综合收益总额		
七、每股收益：		
（一）基本每股收益		
（二）稀释每股收益		

三、利润表项目的填列方法

（一）利润表"本期金额"栏的填列方法

利润表"本期金额"栏一般应根据损益类科目和所有者权益类有关科目的发生额填列。

（1）"营业收入""营业成本""税金及附加""销售费用""管理费用""财务费用""其他收益""投资收益""净敞口套期收益""公允价值变动收益""信用减值损失""资产减值损失""资产处置收益""营业外收入""营业外支出""所得税费用"等项目，应根据有关损益类科目的发生额分析填列。

（2）"研发费用"项目，应根据"管理费用"科目下的"研发费用"明细科目的发生额以及"管理费用"科目下的"无形资产摊销"明细科目的发生额分析填列。

（3）其中"利息费用"和"利息收入"项目，应根据"财务费用"科目所属的相关明细科目的发生额分析填列，且这两个项目作为"财务费用"项目的其中项以正数填列。

（4）其中"对联营企业和合营企业的投资收益"和"以摊余成本计量的金融资产终止确认收益"项目，应根据"投资收益"科目所属的相关明细科目的发生额分析填列。

（5）"其他综合收益的税后净额"项目及其各组成部分，应根据"其他综合收益"科目及其所属明细科目的本期发生额分析填列。

（6）"营业利润""利润总额""净利润""综合收益总额"项目，应根据利润表中的相关项目计算填列。

（7）"（一）持续经营净利润"和"（二）终止经营净利润"项目，应根据《企业会计准则第42号——持有待售的非流动资产、处置组和终止经营》的相关规定分别填列。

（二）利润表"上期金额"栏的填列方法

利润表中的"上期金额"栏应根据上年同期利润表"本期金额"栏内所列数字填列。如果上年同期利润表规定的项目名称和内容与本期不一致，应对上年同期利润表各项目的名称和金额按照本期的规定进行调整，填入"上期金额"栏。

第三节 编制现金流量表的方法与技巧

一、现金流量表的内容

现金流量表，是反映企业在一定会计期间现金和现金等价物流入和流出的报表。从编制原则角度而言，现金流量表的编制采用收付实现制，将权责发生制下的盈利信息调整为收付实现制下的现金流量信息，以便报表使用者了解企业净利润。从编制内容角度划分，现金流量表可分为经营活动、投资活动和筹资活动3个部分，每个部分又分为各具体项目，这些项目从不同角度反映企业业务活动的现金流入与流出情况，有效填补了资产负债表和利润表未提供的信息情况。现金流量表能够使报表使用者了解现金流量的主要影响因素，评价企业的支付能力、偿债能力和周转能力，预测企业未来现金流量，为其决策提供有力依据。

二、现金流量表的编制结构

现金流量表把现金及现金等价物视为一个整体，企业现金形式的转换不会产生现金的流入和流出。例如，企业从银行提取现金，是企业现金存放形式的转换，并未流出企业，不构成现金流量。同样，现金与现金等价物之间的转换也不属于现金流量，例如，企业用现金购买3个月到期的国库券。根据企业业务活动的性质和现金流量的来源，现金流量表在结构上将企业一定期间内产生的现金流量分为三类：经营活动产生的现金流量、投资活动产生的现金流量和筹资活动产生的现金流量。

现金流量表列报经营活动现金流量的方法有直接法和间接法两种。直接法一般是以利润表中的营业收入为基础进行计算，调节与经营活动有关的项目的增减变动，然后计算出经营活动产生的现金流量。间接法是将净利润调节为经营活动现金流量，即将按权责发生制原则确定的净利润调整为现金净流入，并剔除投资活动和筹资活动对现金流量的影响。

　　直接法编制现金流量表有利于分析企业经营活动产生现金流量的来源和用途，预测企业现金流量的未来前景；间接法编制的现金流量表有利于比较净利润与经营活动产生的现金流量净额，了解净利润与经营活动产生的现金流量差异的原因，从现金流量的角度分析净利润的质量。所以，我国企业会计准则规定企业应当采用直接法编制现金流量表，同时要求在附注中提供将净利润调节为经营活动现金流量的信息，具体如表7-3所示。

表 7-3　现金流量表

会企 03 表

编制单位： _____年_____月_____日		单位：元
项　目	本期金额	上期金额
一、经营活动产生的现金流量：		
销售商品、提供劳务收到的现金		
收到的税费返还		
收到其他与经营活动有关的现金		
经营活动现金流入小计		
购买商品、接受劳务支付的现金		
支付给职工以及为职工支付的现金		
支付的各项税费		
支付其他与经营活动有关的现金		
经营活动现金流出小计		
经营活动产生的现金流量净额		
二、投资活动产生的现金流量：		
收回投资收到的现金		
取得投资收益收到的现金		
处置固定资产、无形资产和其他长期资产所收回的现金净额		

续表

项　目	本期金额	上期金额
处置子公司及其他营业单位收到的现金净额		
收到其他与投资活动有关的现金		
投资活动现金流入小计		
购建固定资产、无形资产和其他长期资产支付的现金		
投资支付的现金		
取得子公司及其他营业单位支付的现金净额		
支付其他与投资活动有关的现金		
投资活动现金流出小计		
投资活动产生的现金流量净额		
三、筹资活动产生的现金流量：		
吸收投资收到的现金		
取得借款收到的现金		
收到其他与筹资活动有关的现金		
筹资活动现金流入小计		
偿还债务支付的现金		
分配股利、利润或偿付利息支付的现金		
支付其他与筹资活动有关的现金		
筹资活动现金流出小计		
筹资活动产生的现金流量净额		
四、汇率变动对现金及现金等价物的影响		
五、现金及现金等价物净增加额		
加：期初现金及现金等价物余额		
六、期末现金及现金等价物余额		

三、现金流量表项目的填列方法

（一）经营活动产生的现金流量

经营活动是指除企业投资活动和筹资活动以外的交易和事项。各类企业由于行业特点不同，对经营活动的界定也有所不同。对于工商企业而言，经营活动主要包括销售商品、提供劳务、购买商品、接受劳务、支付职工薪酬、支付税费等。对于商业银行而言，经营活动主要包括吸收存款、发放贷款、同业存放、同业拆借等。对于保险公司而言，经营活动主要包括原保险业务和再保险业务等。对于证券公司而言，经营活动主要包括自营证券、代理承销证券、代理兑付证券、代理买卖证券等。企业实际收到的政府补助，无论是与资产相关还是与收益相关，均在"收到其他与经营活动有关的现金"项目填列。

在我国，企业经营活动产生的现金流量应当采用直接法填列。

（二）投资活动产生的现金流量

投资活动是指企业长期资产的购建和不包括在现金等价物范围内的投资及其处置活动。长期资产是指固定资产、无形资产、在建工程、其他资产等持有期限在一年或一个营业周期以上的资产。这里所指的投资活动既包括实物资产投资，也包括金融资产投资。之所以将"包括在现金等价物范围内的投资"排除在外，是因为已经将包括在现金等价物范围内的投资视同现金。不同企业由于行业特点不同，对投资活动的认定也存在差异。

（三）筹资活动产生的现金流量

筹资活动是指导致企业资本及债务规模和构成发生变化的活动。这里所说的资本包括实收资本（股本）和资本溢价（股本溢价）两种。一般情况下，应付票据、应付账款等商业应付款等属于经营活动，不属于筹资活动。

此外，对于企业日常活动之外的、不经常发生的特殊项目，如自然灾害损失、保险赔款、捐赠等，应当归并到相关类别中，并单独反映。

（四）汇率变动对现金及现金等价物的影响

编制现金流量表时，必须把企业外币现金流量以及境外子公司的现金流量折算成记账本位币。外币现金流量以及境外子公司的现金流量，应当采用现金流量发生日的即期汇率或按照系统合理的方法确定的、与现金流量发生日即期汇率近似的汇率进行折算。汇率变动对现金的影响应当作为调节项目，在现金流量表中单独列报。

汇率变动对现金的影响在于把企业外币现金流量及境外子公司的现金流量转换成记账本位币，采用的是现金流量发生日的即期汇率或按照系统合理的方法确定的、与现金流量发生日即期汇率近似的汇率，而现金流量表"现金及现金等价物净增加额"项目中外币现金净增加额是按资产负债表日的即期汇率折算的。这两者的差额即为汇率变动对现金的影响。

编制现金流量表涉及当期发生的外币业务时，也可以不必逐笔计算汇率变动对现金的影响，可以将现金流量表补充资料中的"现金及现金等价物净增加额"与现金流量表中"经营活动产生的现金流量净额""投资活动产生的现金流量净额""筹资活动产生的现金流量净额"的三项之和进行比较，其差额即为汇率变动对现金的影响。

（五）现金流量表补充资料

除现金流量表反映的信息外，企业还应在附注中披露将净利润调节为经营活动现金流量、不涉及现金收支的重大投资和筹资活动、现金及现金等价物净增加情况等信息，具体的补充资料表如表7-4所示。

表7-4 补充资料表

补充资料	本期金额	上期金额
1. 将净利润调节为经营活动的现金流量		
净利润		
加：计提的资产减值准备		
固定资产折旧		
无形资产摊销		
长期待摊费用摊销		
待摊费用的减少（减：增加）		

补充资料	本期金额	上期金额
预提费用的增加（减：减少）		
处置固定资产、无形资产和其他长期资产的损失（减：收益）		
固定资产报废损失		
财务费用		
投资损失（减：收益）		
递延税款贷项（减：借项）		
存货的减少（减：增加）		
经营性应收项目的减少（减：增加）		
经营性应付项目的增加（减：减少）		
其他		
少数股东本期收益		
经营活动产生的现金流量净额		
2. 不涉及现金收支的投资和筹资活动		
债务转为资本		
一年内到期的可转换公司债券		
融资租入固定资产		
其他		
3. 现金及等价物净增加情况		
现金的期末余额		
减：现金的期初余额		
加：现金等价物的期末余额		
减：现金等价物的期初余额		
现金及现金等价物的净增加额		

单位负责人： 　　财务负责人： 　　制表人：

1. 将净利润调节为经营活动现金流量

现金流量表既要运用直接法反映经营活动产生的现金流量，也要通过间接法反映经营活动产生的现金流量。其中，间接法是指以本期净利润为计算基础，通过调整不涉及现金的收入、费用、营业外收支以及经营性应收应付等项目的增减变动，来调整不属于经营活动的现金收支项目，并据此计算并列报经营活动产生的现金流量的方法。我国现金流量表补充资料一般使用间接法反映经营活动产生的现金流量情况，以对现金流量表中采用直接法反映的经营活动现金流量进行核对和补充说明。

采用间接法列报经营活动产生的现金流量时，需要对四大类项目进行调整：①实际没有支付现金的费用；②实际没有收到现金的收益；③不属于经营活动的损益；④经营性应收应付项目的增减变动。

2. 不涉及现金收支的重大投资和筹资活动

从不涉及现金收支的重大投资和筹资活动可以看出一个企业在一定期间内影响其资产或负债但不形成该期现金收支的所有投资和筹资活动的信息。这种投资和筹资活动虽不涉及现金收支，但对未来各期的现金流量有重大影响。例如，企业融资租入设备而形成的负债计入"长期应付款"账户，当期并不支付设备款及租金，但以后各期必须为此支付现金，从而在一定期间内形成一项固定的现金支出。

企业在附注中应该披露不涉及当期现金收支，但影响企业财务状况或在未来可能影响企业现金流量的重大投资和筹资活动，主要包括：①债务转为资本，反映企业本期转为资本的债务金额；②一年内到期的可转换公司债券，反映企业一年内到期的可转换公司债券的本息；③融资租入固定资产，反映企业本期融资租入的固定资产。

3. 现金及现金等价物的构成

企业在附注中应该披露与现金及现金等价物有关的下列信息：①现金及现金等价物的构成及其在资产负债表中的相应金额；②企业持有但不能由母公司或集团内其他子公司使用的大额现金及现金等价物金额。

第四节 编制所有者权益变动表的方法与技巧

一、所有者权益变动表的内容

所有者权益变动表是反映构成所有者权益各组成部分当期增减变动情况的报表。所有者权益变动表能够完整反映一定时期内所有者权益变动的情况，不仅包括所有者权益总量的增减变动，还包括所有者权益增减变动的重要结构性信息，以便报表使用者准确了解所有者权益增减变动的根源。

所有者权益变动表应分别列示综合收益和与所有者（或股东）的资本交易导致的所有者权益的变动。企业至少应当单独列示反映下列信息的项目：①综合收益总额；②会计政策变更和前期差错更正的累积影响金额；③所有者投入资本和向所有者分配利润等；④提取的盈余公积；⑤所有者权益各组成部分的期初和期末余额及其调节情况。

二、所有者权益变动表的编制结构

所有者权益变动表一般以矩阵的形式列示，按照所有者权益各组成部分（包括实收资本、资本公积、其他综合收益、盈余公积、未分配利润和库存股等）及其总额列示交易或事项对所有者权益的影响。此外，企业还需要提供比较所有者权益变动表，所有者权益变动表中各项目再分为"本年金额"和"上年金额"两栏分别填列。所有者权益变动表格式如表7-5所示。

表7-5　所有者权益变动表

编制单位：＿＿＿＿＿　　　年度＿＿＿＿＿　　　　单位：元

项目	本年金额											上年金额										
	实收资本（或股本）	其他权益工具			资本公积	减：库存股	其他综合收益	专项储备	盈余公积	未分配利润	所有者权益合计	实收资本（或股本）	其他权益工具			资本公积	减：库存股	其他综合收益	专项储备	盈余公积	未分配利润	所有者权益合计
		优先股	永续债	其他									优先股	永续债	其他							
一、上年年末余额																						
加：会计政策变更																						
前期差错更正																						
其他																						
二、本年年初余额																						
三、本年增减变动金额（减少以"—"号填列）																						
（一）综合收益总额																						

续表

项目	本年金额										上年金额									
	实收资本（或股本）	其他权益工具			资本公积	减：库存股	其他综合收益	专项储备	盈余公积	未分配利润	所有者权益合计	实收资本（或股本）	其他权益工具			资本公积	减：库存股	其他综合收益	专项储备	盈余公积	未分配利润	所有者权益合计
		优先股	永续债	其他									优先股	永续债	其他							
（二）所有者投入和减少资本																						
1. 所有者投入的普通股																						
2. 其他权益工具持有者投入资本																						
3. 股份支付计入所有者权益的金额																						
4. 其他																						

续表

项目	本年金额										上年金额									
	实收资本（或股本）	其他权益工具			资本公积	减：库存股	其他综合收益	专项储备	盈余公积	未分配利润	所有者权益合计	实收资本（或股本）	其他权益工具			资本公积	减：库存股	其他综合收益	专项储备	盈余公积	未分配利润	所有者权益合计
		优先股	永续债	其他									优先股	永续债	其他							
（三）利润分配																						
1. 提取盈余公积																						
2. 对所有者（或股东）的分配																						
3. 其他																						
（四）所有者权益内部结转																						
1. 资本公积转增资本（或股本）																						
2. 盈余公积转增资本（或股本）																						

续表

项目	本年金额										上年金额									
	实收资本（或股本）	其他权益工具			资本公积	减：库存股	其他综合收益	专项储备	盈余公积	未分配利润	所有者权益合计	实收资本（或股本）	其他权益工具			资本公积	减：库存股	其他综合收益	专项储备	盈余公积	未分配利润	所有者权益合计
		优先股	永续债	其他									优先股	永续债	其他							
3. 盈余公积弥补亏损																						
4. 设定受益计划变动额结转留存收益																						
5. 其他综合收益结转留存收益																						
6. 其他																						
四、本年年末余额																						

三、所有者权益变动表项目的填列方法

（一）"上年金额"栏的填列方法

所有者权益变动表"上年金额"栏内各项数字，要根据上年度所有者权益变动表"本年金额"栏内所列数字填列。如果上年度所有者权益变动表规定的项目名称和内容与本年度不一致，那么要对上年度所有者权益变动表各项目的名称和金额按照本年度的规定进行调整，填入所有者权益变动表"上年金额"栏内。

（二）"本年金额"栏的填列方法

所有者权益变动表"本年金额"栏内各项数字一般要根据"实收资本（或股本）""其他权益工具""资本公积""盈余公积""专项储备""其他综合收益""利润分配""库存股""以前年度损益调整"等科目及其明细科目的发生额分析填列。

第八章

会计要掌握的企业财务工作逻辑——财务体系设置

作为一名财务人员，需要了解企业财务工作体系的设置。本章将详细介绍企业成立之后应配置的会计机构与人员，以及如何建立账簿或电子账等。

第一节　企业会计制度

一、会计机构的设置

"各单位应当根据会计业务的需要，设置会计机构，或者在有关机构中设置会计人员并指定会计主管人员；不具备设置条件的，应当委托经批准设立从事会计代理记账业务的中介机构代理记账。"这是《中华人民共和国会计法》对设置会计机构问题做出的规定。

（一）根据业务需要设置会计机构

各单位应当依据会计业务的需要程度决定是否设置会计机构，即一个单位是否设置会计机构取决于本单位会计业务的繁简情况。一般而言，以下几个方面的因素基本构成了单位内部设置会计机构的动因：

（1）单位规模的大小。从有效发挥会计职能作用的角度看，实行企业化管理的事业单位，大、中型企业应当设置会计机构；业务较多的行政单位、社会团体和其他组织也应设置会计机构。而对那些较小规模的企业、内部业务设置较为简单的行政单位等，会计机构可以不单独设置，而是由其他业务部门合并管理，或者委托代理记账。

（2）经济业务和财务收支的繁简。大、中型单位的经济业务繁杂多样，应在全面、合理、有效的范围内设置会计机构和会计人员。但是单位经济业务本身的性质和财务收支的繁简问题也不容小觑，有些单位的规模相对较小，可是其经济业务复杂多样，财务收支频繁，也要设置相应的会计机构和会计人员。

（3）经营管理的要求。经营管理上对会计机构和会计人员的设置要求是最基本的：单位对会计的要求建立在管理经营层面对会计机构设置和会计人员要求的基础上，在此前提下再对单位整体提出会计要求。为了加强单位在经营管理上的把控程度，有必要设立会计机构和会计人员。随着科技的不断发展，电算化的普及使得单位对会计机构和会计人员的要求与传统手工会计要求相比有了新的变化。数据的及时性、准确性和全面性使得对会计机构和会计人员的要求比以前有了很大提升。因此，单位经营管理部门设置的重中之重是如何设置会计机构和会计人员。

（二）不设置会计机构

不设置会计机构的单位，应设置会计人员并指定会计主管人员。会计主管人员是负责组织管理会计事务、行使会计机构负责人职权的负责人。它不同于通常所说的"会计主管""主管会计""主办会计"。一个单位应当基于单位实际需要，合理设置会计机构及其负责人，不能使用"一刀切"的做法，要求完全统一标准。实际上，设置了会计机构的单位，都会配备相应的会计机构负责人负责管理工作。《中华人民共和国会计法》规定应在会计人员中指定会计主管人员，目的是强化责任制度，防止出现会计工作无人负责的局面。《会计基础工作规范》中，对会计人员配备、会计岗位设置的原则做了规定，如规定"会计工作岗位，可以一人一岗、一人多岗或者一岗多人，但应当符合内部牵制制度的要求"；会计岗位可以设置如下：会计机构负责人或者会计主管人员、出纳、财产物资核算、工资核算、成本费用核算、财务成果核算、资金核算、往来核算、总账报表、稽核、档案管理等。

二、会计工作岗位设置

会计工作岗位，是指一个单位会计机构内部根据业务分工而设置的职能岗位。对于会计工作岗位的设置，2019年修订的《会计基础工作规范》提出了以下示范性的要求：

（1）根据本单位会计业务的需要设置会计工作岗位。

（2）符合内部牵制制度的要求。根据规定，会计工作岗位可以一人一岗、一人多岗或者一岗多人，但出纳人员不得兼任稽核、会计档案保管和收入、支出费用、债权债务账目的登记工作。

（3）为了推动会计人员全面熟悉业务，不断提高业务素质，有必要对会计人员的工作岗位进行有计划的轮岗，以及建立岗位责任制。根据《会计基础工作规范》和有关制度的规定，会计工作岗位一般分为：总会计师（或行使总会计师职权）岗位；会计机构负责人（会计主管人员）岗位；出纳岗位；稽核岗位；资本、基金核算岗位；收入、支出、债权债务核算岗位；工资核算、成本核算、财务成果核算岗位；财产物资的收发、增减核算岗位；总账岗位；对外财务会计报告编制岗位；会计电算化岗位；会计档案管理岗位。

（4）对于会计档案管理岗位，在会计档案正式移交之前，属于会计岗位；正式移交档案管理部门之后，不再属于会计岗位。档案管理部门的人员管理会计档案，不属于会计岗位。医院门诊收费员、住院处收费员、药房收费员、药品库房记账员、商场收款（银）员所从事的工作，均不属于会计岗位。单位内部审计、社会审计、政府审计工作也不属于会计岗位。

三、会计机构负责人（会计主管人员）的任职资格

（一）会计机构负责人（会计主管人员）的概念

在一个单位内部，总要有负责人负责管理单位会计事务，不论是设置会计机构或者在有关机构中设置会计人员。在设置会计机构的情况下，该负责人为会计机构负责人；而在有关机构设置会计人员的情况下，被指定为会计主管人员的人就是负责人。会计机构负责人（会计主管人员）指的是在一个单位内部负责会计工作的中层管理人员。在单位负责人的领导下，会计机构负责人（会计主管人员）负有组织、管理本单位所有会计工作的责任，整个单位会计工作的水平和质量很大程度上取决于会计机构负责人的工作水平。

（二）会计机构负责人（会计主管人员）的任职资格

会计机构负责人（会计主管人员）的任职资格除要求具备一般会计人员应具备的条件外，还应具备专业技术资格、工作经历等条件。我国各类经济组织类型众多，不同单位的情况各不相同，《中华人民共和国会计法》对会计机构负责人的任职条件采取了灵活务实的做法，规定："担任单位会计机构负责人（会计主管人员）的，除取得会计从业资格证书外，还应当具备会计师以上专业技术职务资格或者从事会计工作3年以上经历。"这是对单位会计机构负责人（会计主管人员）任职资格做出的特别规定。

四、会计人员回避制度

回避制度是指为了保证执法或者执业的公正性，对可能影响其公正性的执法或者执业的人员实行职务回避和业务回避的一种制度。回避制度已成为我国人事管理的一项重要制度。在会计工作中，会计人员实行回避制度是必要的，可有效防止由于亲情关系而通同作弊和违法违纪案件的发生。2019年修订的《会计基础工作规范》从会计工作的特殊性出发，对会计人员的回避问题做出了规定，即国家机关、国有企业、事业单位任用会计人员应当实行回避制度；单位负责人的直系亲属不得担任本单位的会计机构负责人、会计主管人员；会计机构负责人、会计主管人员的直系亲属不得在本单位会计机构中担任出纳职务。其中，直系亲属包括夫妻关系、直系血亲关系、三代以内旁系血亲以及近姻亲关系。

第二节 新企业建账攻略

一、新企业建账的基本流程

新企业建账的基本流程包括以下四步：

（1）按照所需的各式账簿的范式要求，准备各种不同的账页，并将活页的账页装订成册。

（2）会计在账簿的"启用表"中，注明单位名称、账簿名称、账簿编号、序列号、开始和结束页、启用日期以及记账人员和会计主管人员的姓名，并加盖人名章和单位公章。本年在调动会计人员或会计主管人员时，注明调动日期、将接办的人员姓名和监交人员，并由双方签字或盖章以阐明经济责任。

（3）根据会计科目表的顺序和名称在总账科目页面上创建总账科目；并根据详细的分类账会计要求在每个下级明细账户上创建二级和三级明细账户。发起单位应于开始时在该年度的各个级别建立账户的同时结转上一年的账户余额。

（4）激活订本式账簿并使用活页式账簿。在为所有账户编号之后，应填写账户目录，将账户名称页面连接到该目录，为了方便检索，在账簿上粘贴索引纸（账户标签）以指示账户名称。

二、企业年初建账方法

在实际工作中，并非所有单位分类账都需要重建。单位哪些账簿需要重建或更换，哪些账簿不需要重建，可以继续使用，存在着一定规律。

（一）年初新建账簿

年初新建账簿主要有总账、日记账、三栏式明细账、收入、费用（损益类）明细账。这些账簿必须每年更换一次，即在年初重新建账。现将上述明细账的具体建账方法分别介绍如下。

1. 总账

根据上一年开立账户的经济活动量大小，预留足够数量的页码用于经济企业注册，一个接一个地开户并创建新账户。对于未结账户，将上一年的余额直接复制到新账户首页的第一行，即直接"过账"。同时，在"摘要"列中，指示"从上一年结转"或"年初余额"，无须填写会计凭证。对于已开设大量账户的单位，将标签纸粘贴在每个已开设账户的首页上，并注明所开立的账户名称（会计科目）。

2. 日记账

将上年年末余额直接记录在新账户首页的第一行，作为现金和银行存款日记账的年初余额。"日期"栏内，写上"1月1日"；"摘要"栏内写上"上年结转"或"期初余额"字样；在"余额"列中填写上一年年末的现金或银行存款账面价值的实际值。与建新总账一样，新建日记账无须填制记账凭证。

3. 三栏式明细账

对于这类账簿，上年年末结出余额，本年按明细建账。在账页相应栏次，如"日期"栏填"1月1日"；"摘要"栏填"上年结转"；"借或贷"栏填"借（或贷）"；"余额"栏填"金额"。三栏式明细账账簿中明细项目较多的单位，应在所开各个明细账户首页的贴纸上，注明所开明细账户名称（明细会计科目），便于使用者翻阅。

4. 收入、费用明细账

对于这种类型的账簿，每个单位都可以根据其实际的经济情况开设。具有更多收入、支出的单位可以设置"收入明细账"和"支出明细账"（或"费用明细账"）。对于某些收入或费用更多的单位，还可以为某些收入或费用设置分类账，如各种损益账簿，包括"营业收入明细账""费用明细账""制造费用明细账"等。在详细收支账簿中包含更多详细项目的单位，还必须在每个已设立的详细账户的主页上贴上标签纸，以显示已打开的详细账户的名称（详细的会计标题），以便使用者可以阅读。

（二）跨年使用的账簿

（1）卡片式账簿。

（2）数量金额式明细账。如仓库保管员登记的数量金额式材料明细账、库存商品明细账等。

（3）备查账。 如租入固定资产备查账、受托加工材料物资备查账等。这些账簿主要记录跨年租赁业务或受托加工业务的会计信息，为便于管理，该类账簿可以连续使用。

（4）债权债务明细账（也称往来明细账）。一些单位债权债务较多，如果更换一次新账，重新抄写一遍的工作量较大，可以跨年使用，不必每年更换。但是，如果债权债务尚未结算的部分较少，单位应及时将未结算的债权债务转入下年新设的"债权债务明细账"中。

第三节 财务软件上的建账流程

随着信息技术时代的变革，越来越多的企业选择在财务软件上进行会计核算与纳税申报。本节以"金蝶KIS标准版为例"，介绍如何在财务软件上建立账套。

（1）打开金蝶KIS标准版软件，如图8-1所示，进入新建界面，单击"新建账套"。

（2）在打开的"建账向导"对话框中，输入账套名称，之后单击"下一步"按钮，如图8-2所示。

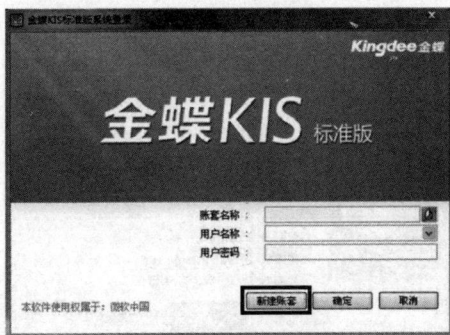

图 8-1 打开金蝶 KIS 标准版并登录　　　图 8-2 输入公司名称

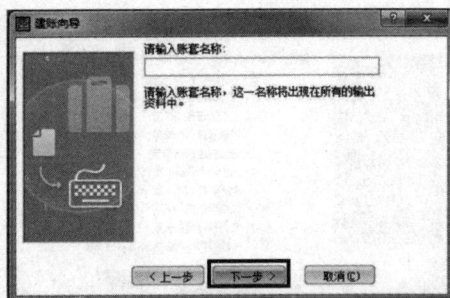

（3）在打开的"请选择贵公司所属的行业"界面中选择企业所属行业和适用的会计准则，此处选择"新会计准则"选项，如图8-3所示。要注意，此处勿勾选"不建立预设科目表"复选框，否则，就要自己配置会计科目，单击"下一步"按钮。

（4）在打开的"请定义记账本位币"界面中，输入"记账本位币"为"RMB""人民币"，如图8-4所示，单击"下一步"按钮。

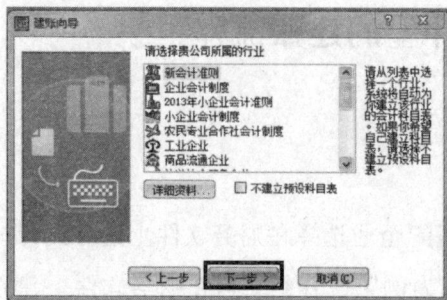

图 8-3　选择行业和适用的会计准则　　　图 8-4　选择记账本位币

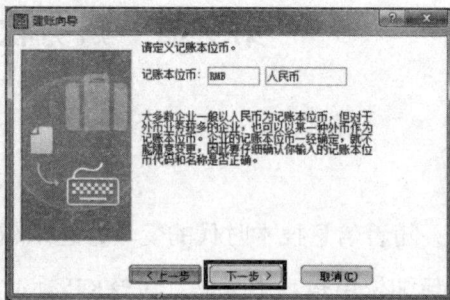

（5）在打开的定义会计科目结构、级数及代码长度界面中（图8-5），设置会计科目结构、级数默认为"10"，"一级科目代码长度"默认为"10"，"二级科目代码长度"默认为"2"，"三级科目代码长度"及之后的各项用户可以根据自己的习惯修改，但至少为"2"，修改完成后单击"下一步"按钮。

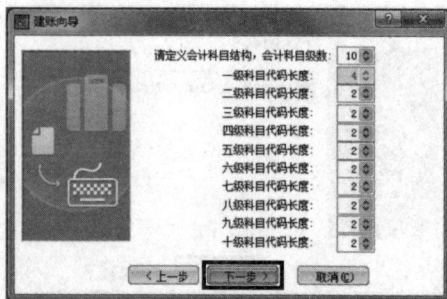

图 8-5　设置科目级数及代码长度　　　图 8-6　选择会计期间

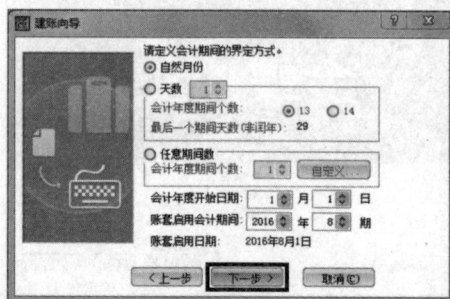

（6）在打开的"请定义会计期间的界定方式"界面中（图8-6），进行会计期间时间的设置，月份默认为"自然月份"，"会计年度开始时间"默认为1月1日，其他日期根据实际情况进行选择，完成后单击"下一步"按钮。

（7）在打开的"账套选项"对话框中（图8-7），"公司信息"和"账套参数"选项卡中的信息采用默认,一般无须填写;"凭证"和"高级"等选项卡中的内容,可根据自己的情况在后期进行填写,完成后单击"确定"按钮。

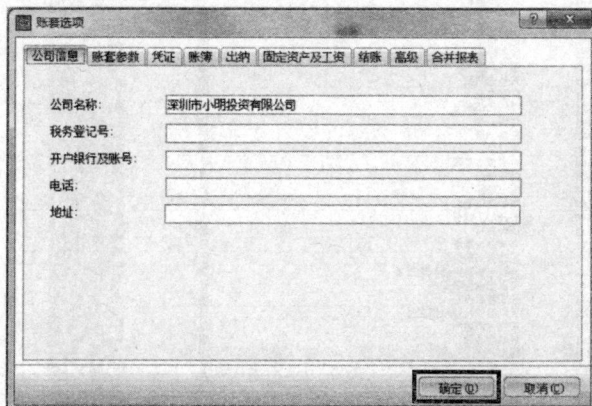

图 8-7 填写公司信息

(8)在打开的"会计科目"对话框中,添加相关会计核算项目与会计科目,如图8-8所示。

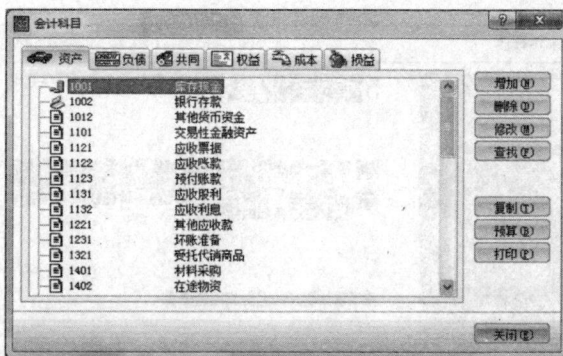

图 8-8 添加会计科目

(9)在打开的创建初始数据界面中,根据企业经营活动情况,录入初始数据,如图8-9所示。

图 8-9　录入初始数据

（10）启用账套，如图8-10所示，单击"继续"按钮，选择硬盘并保存账套（建议不要保存在C盘）。选择后，账套将自动保存。

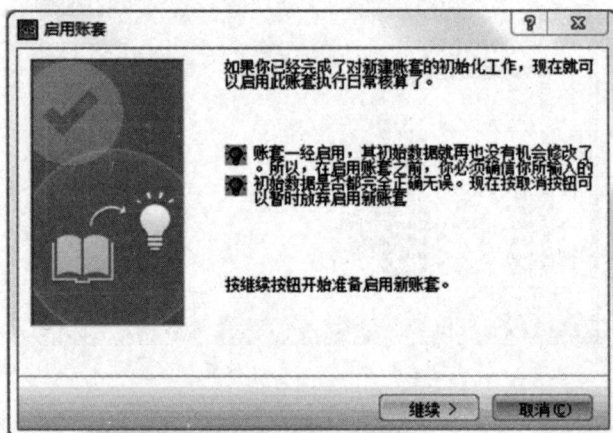

图 8-10　启用账套

第九章

会计的日常工作——体验制造性工业企业会计循环

　　在我国行业划分中，通常以制造业、农林牧渔业、零售业、金融业、互联网业等为主。我国是世界制造业第一大国，且一般制造业中包含了相对较为完整的业务流程，所以本章以最具有代表性的一般制造业为例，介绍公司日常的筹资、采购、生产和销售的账务处理工作，带领读者体验一般制造业公司的会计循环。需要说明的是，本章会计科目和账务处理按照《财政部关于印发〈企业会计准则——应用指南〉的通知》财会〔2006〕18号中附录《会计科目和主要账务处理》的规定。

第一节 资金筹集业务的账务处理

资金是公司从事经营活动的最基本条件。公司筹集的所有者投入资本形成实收资本，这是公司资金运动的起点，也在一定程度上决定了公司的资金规模和生产经营规模。公司筹资通常有两种方式，一种是通过股东或出资人对公司进行资本性投资，另一种是公司通过向银行借款或对外发行债券取得债权性投资。

一、股东或出资人进行资本性投资

股份有限公司的会计科目中应当设置"股本"科目，非股份有限公司的会计科目中应设置"实收资本"科目，核算投资者投入资本的增减变动情况。该科目的贷方登记实收资本的增加数额，借方登记实收资本的减少数额，期末贷方余额反映公司期末实收资本实有数额。

（一）有限责任公司接受现金资产投资

投资者以现金投入的资本，应当以在工商机关登记的注册资本或在该公司注册资本中所占的份额，作为"实收资本"入账。以实际收到或存入公司开户银行的金额计入"银行存款"等科目，两者差额计入"资本公积——资本溢价"科目。即：

借：银行存款等

　　贷：实收资本

　　资本公积——资本溢价

【例9-1】甲出资人出资4 000 000元，成立了一家从事生产并销售的有限责任公司——光明公司，该公司在工商机关登记的注册资本为3 500 000元。做会计分录如下：

借：银行存款		4 000 000
贷：实收资本		3 500 000
资本公积——资本溢价		500 000

（二）股份有限公司接受现金资本投资

股份制公司通过公开发行股票进行筹资时，以每股股票面值和发行股份总数的乘积计算的金额作为"股本"入账；以发行价格（实际收到的金额）计入"银行存款"等科目，两者差额计入"资本公积——股本溢价"。即：

借：银行存款等

    贷：股本（按每股股票面值和发行股份总数的乘积计算的金额）

        资本公积——股本溢价（实际收到的金额与投资者在公司股本中所占份额的差额）

【例9-2】为了筹集资金，光明公司公开发行普通股300万股，每股面值1元，每股发行价1.2元。做会计分录如下：

借：银行存款		3 600 000
贷：股本		3 000 000
资本公积——股本溢价		600 000

（三）股份有限公司发行费用的处理

属于溢价发行的，发行费用从溢价收入中扣除，冲减资本公积——股本溢价；溢价金额不足冲减的，或者属于按面值发行无溢价的，依次冲减盈余公积和未分配利润，即：

借：资本公积——股本溢价

    盈余公积

    利润分配——未分配利润

    贷：银行存款

【例9-3】光明公司在发行股票前，资本公积余额为600 000元，盈余公积100 000元，未分配利润300 000元。发行时，产生了发行费用。

（1）若发行费为200 000元，做会计分录如下：

借：资本公积——股本溢价   200 000

  贷：银行存款   200 000

（2）若发行费用为650 000元，做会计分录如下：

借：资本公积——股本溢价   600 000

  盈余公积   50 000

  贷：银行存款   650 000

（3）若发行费用为800 000元，做会计分录如下：

借：资本公积——股本溢价   600 000

  盈余公积   100 000

  利润分配——未分配利润   100 000

  贷：银行存款   800 000

二、向银行借款或发行债券取得债权性投资

（一）向银行借入短期借款

短期借款是指公司向银行或其他金融机构等借入的期限在1年以下（含1年）的各种款项。短期借款一般是公司为了满足正常生产经营所需的资金或者是为了抵偿某项债务而借入的。

（1）借入时

借：银行存款

  贷：短期借款

（2）计提利息时

借：财务费用

  贷：应付利息

（3）归还短期借款

借：短期借款

  应付利息（财务费用）

  贷：银行存款

（二）向银行借入长期借款

长期借款是公司从银行或其他金融机构借入的期限在一年以上的款项。为了总括反映长期借款的增减变动等情况，公司会计科目中应设置"长期借款"科目。取得长期借款应记入该科目贷方，偿还长期借款则记入该科目借方。按照权责发生制原则，公司应分期确认长期借款的利息。公司取得的长期借款，通常是到期一次支付利息的，因而应付未付的借款利息与本金一样，属于非流动负债，应贷记"长期借款"科目。确认的利息费用则应根据借款的用途等情况，确定应予费用化还是资本化，分别借记"财务费用"或"在建工程"等科目。

（1）公司借入长期借款

借：银行存款

　　贷：长期借款

（2）资产负债表日计提利息

借：财务费用等（满足资本化条件的，计入"在建工程"科目）

　　贷：长期借款（分期付息，到期还本）

（3）归还长期借款

借：长期借款

　　贷：银行存款

【例9-4】光明公司从银行取得长期借款300 000元用于公司的经营周转，期限为3年，年利率为10%，按复利计息，每年计息一次，到期一次偿还本息。借入款项已存入开户银行。由于该项长期借款用于公司的经营周转，因而按期确认的借款利息应当费用化，计入财务费用。

（1）取得借款时，做会计分录如下：

借：银行存款　　　　　　　　　　　　　　　　300 000

　　贷：长期借款　　　　　　　　　　　　　　　　300 000

（2）第1年年末计息时，做会计分录如下：

第一年利息=300 000×10%=30 000（元）

借：财务费用　　　　　　　　　　　　　　　　30 000

　　贷：长期借款　　　　　　　　　　　　　　　　30 000

（3）第2年年末计息时，做会计分录如下：

第二年利息＝（300 000＋30 000）×10%＝33 000（元）

借：财务费用   33 000

  贷：长期借款   33 000

（4）第3年年末计息时，做会计分录如下：

第三年利息＝（300 000＋30 000＋33 000）×10%＝36 300（元）

借：财务费用   36 300

  贷：长期借款   36 300

（5）到期偿还本息时，做会计分录如下：

借：长期借款   399 300

  贷：银行存款   399 300

（三）发行公司债券

1. 发行债券

公司发行债券时，按实际收到的款项，借记"银行存款""库存现金"等账户，按债券面值，贷记"应付债券——面值"账户；因债券通常溢价或折价发行，即实际发行价格与债券面值不一定相等，所以实际收到的款项与债券面值之间的差额，计入"应付债券——利息调整"账户。同时发行债券的发行费用应计入发行债券的初始成本，也反映在"应付债券——利息调整"明细科目中。即：

借：银行存款

  贷：应付债券——面值（债券面值）

      ——利息调整（差额，或借方）

2. 期末计提利息

期末，债券发行时产生的利息调整额应在债券存续期内于计提利息时进行摊销。摊销方法应当采用实际利率法。实际利率法是指按照应付债券的实际利率计算其摊余成本及各期利息费用的方法。由于债券的摊余成本逐期不同，因而计算出来的利息费用也就逐期不同。

每期计入"财务费用"等科目的利息费用＝债券期初摊余成本×实际利率；每期确认的"应付利息"或"应付债券——应计利息"＝债券面值×票面利率。

每期确认的利息费用与按票面利率计算的利息的差额，即为该期应摊销的利息调整额。即：

借：财务费用等（期初摊余成本×实际利率）

应付债券——利息调整（差额，或贷方）

贷：应付利息（分期付息债券按票面利率计算确定的利息）

应付债券——应计利息（到期一次还本付息债券按票面利率计算确定的利息）

3. 到期归还本金和利息

借：应付债券——面值

——应计利息（到期一次还本付息债券利息）

应付利息（分期付息债券最后一次利息）

贷：银行存款

【例9-5】光明股份有限公司于2020年1月1日发行3年期、每年1月1日付息、到期一次还本的公司债券，债券面值为200万元，票面年利率为5%，实际年利率为6%，发行价格为194.65万元，另支付发行费用2万元。按实际利率法确认利息费用。

（1）2020年1月1日发行时，做会计分录如下：

借：银行存款　　　　　　　　　　　　　　　194.65

应付债券——利息调整　　　　　　　　　5.35

贷：应付债券——面值　　　　　　　　　　200

（2）2020年12月31日确认利息费用，做会计分录如下：

该债券2020年度确认的利息费用=（200-5.35）×6% = 11.68 （万元）

借：财务费用等　　　　　　　　　　　　　　11.68

贷：应付利息　　　　　　　　　　　　　　10

应付债券——利息调整　　　　　　　　　1.68

2021年1月1日偿还利息，做会计分录如下：

借：应付利息　　　　　　　　　　　　　　　10

贷：银行存款　　　　　　　　　　　　　　10

（3）2021年12月31日确认利息费用，做会计分录如下：

该债券2021年度确认的利息费用=（200-5.35+1.68）×6%＝11.78（万元）

借：财务费用等		11.78
贷：应付利息		10
应付债券——利息调整		1.78

2022年1月1日偿还利息，做会计分录如下：

借：应付利息		10
贷：银行存款		10

（4）2022年12月31日确认利息费用，做会计分录如下：

该债券2022年度确认的利息费用=（200-5.35+1.68+1.78）×6%＝11.89（万元）

借：财务费用等		11.89
贷：应付利息		10
应付债券——利息调整		1.89

（5）2023年1月1日偿还本金及最后一期利息，做会计分录如下：

借：应付债券——面值		200
应付利息		10
贷：银行存款		210

三、资金退出业务账务处理

公司注册资本一般较固定，特殊情况下，会发生注册资本的增减变化。公司减少实收资本必须按法定程序报经批准。公司在派还投资者资本时，按实际返还金额借记"实收资本"科目，货记"库存现金""银行存款"等科目。

【例9-6】经批准，出资人乙从光明公司退出。光明公司按照过去的实际出资将2 500 000元银行存款退还给乙出资人。不考虑其他因素，光明公司的会计分录为：

借：实收资本——甲公司		2 500 000
贷：银行存款		2 500 000

第二节 供应过程业务的账务处理

公司筹集到资金后，就必须购入设备、厂房、材料、工（器）具等，以备生产。通过物资采购业务，公司的财产物资增加了；同时，因采购而支付了相应的货款或承担了相应的负债，即货币资金相应减少或负债相应增加。

一、材料采购业务

"在途物资"为资产类科目，用来核算实际成本法下公司在途材料的采购成本。在途材料是指公司购入尚在途中或虽已运达但尚未验收入库的材料的采购成本。这类科目的借方核算新增的在途材料成本，贷方核算因验收入库而转入"原材料"账户的在途材料成本，贷方余额表示尚未到达或尚未验收入库的在途材料的实际采购成本。本科目应当按照供应单位进行明细核算。

【例9-7】光明公司为小规模纳税人，其从辉煌公司购入了一批甲材料，价款合计25 000元，并以银行存款支付，材料尚未验收入库（公司按实际成本法核算，下同）。

分析：光明公司购入材料，但未验收入库，故在途材料这一资产类账户增加；同时，以存款支付，故"银行存款"这一资产类账户减少。故应编制会计分录如下：

借：在途物资——甲材料   25 000
　　贷：银行存款   25 000

"应付账款"为负债类科目，用来核算公司因购买材料、商品和接受劳务供应等经营活动应支付的款项。因购货而增加负债时，贷记本科目；因偿还货款而减少该负债时，借记本科目；期末余额表示尚未归还的货款。本科目应当按照不同的债权人进行明细核算。

【例9-8】接【例9-7】，光明公司购入上述材料的货款尚未支付，则公司因购入材料而增加了一笔负债，即"应付账款"这一负债类账户增加。故该业务应编制如下会计分录：

借：在途物资——甲材料　　　　　　　　　　　25 000
　　贷：应付账款——辉煌公司　　　　　　　　　　　25 000

待公司以存款支付上述货款时，再做还款分录如下：

借：应付账款——辉煌公司　　　　　　　　　　25 000
　　贷：银行存款　　　　　　　　　　　　　　　　　25 000

此外，支付款项的公司还可以签发承兑的商业汇票作为付款承诺，即在汇票上注明要支付的金额、付款时间和其他交易信息，然后在汇票到期时通过银行转账付款。

"应付票据"为负债类科目，用来核算公司购买材料、商品和接受劳务供应等而开出、承兑的商业汇票，包括银行承兑汇票和商业承兑汇票。开出、承兑商业汇票时，贷记本科目；以存款支付汇票款时，借记本科目；本科目期末余额在贷方，反映公司尚未到期的商业汇票的票面金额。支付银行承兑汇票的手续费计入"财务费用"科目。

【例9-9】假设光明公司开出承兑的商业汇票以偿付上述购入材料所欠的货款，则光明公司因购入材料而增加了一笔负债，即"应付账款"这一负债类账户增加。故该业务应编制如下会计分录：

借：应付账款——辉煌公司　　　　　　　　　　25 000
　　贷：应付票据——辉煌公司　　　　　　　　　　　25 000

待票据到期，根据银行的付款通知再做还款会计分录如下：

借：应付票据——辉煌公司　　　　　　　　　　25 000
　　贷：银行存款　　　　　　　　　　　　　　　　　25 000

公司必须设置"应付票据备查簿"以详细登记每一张商业汇票的种类、号数和出票日期、到期日、票面余额、交易合同号和收款人姓名或单位名称以及付款日期和金额等。应付票据到期结清时，应当在备查簿内逐笔注销。

"应交税费"为负债类科目，用于核算公司按照税法规定所应交纳的各种税费，包括增值税、消费税、营业税、所得税、资源税、土地增值税、城市维护建设税、房产税、土地使用税、车船使用税、教育费附加、矿产资源补偿费等。新增应交而未交的税费时，负债增加，贷记本科目；实际支付税费时，负债减少，借记本科目；本科目期末余额在贷方，反映公司应交但尚未缴纳的税费；本科目期末余额如在借方，则反映公司多交或尚未抵扣的税金。本科目应当按照应交税费的税种进行明细核算。

【例9-10】光明公司为一般纳税人，从辉煌公司购入一批甲材料，不含增值税的价款为25 000元，并取得增值税专用发票，增值税税率为13%，款项尚未支付，材料尚未验收入库。

分析：一般纳税人公司购入材料时，不仅要向售货方支付货款，还要支付购进材料而应支付的增值税（进项税额）。公司支付了增值税（进项税额），表明公司应交的税金（负债）减少或可抵扣的税金（资产）增加。故本业务应编制会计分录如下：

借：在途物资——甲材料　　　　　　　　　25 000

　　应交税费——应交增值税（进项税额）　3 250（25 000×13%=3 250）

　　贷：应付账款——辉煌公司　　　　　　28 250（25 000+3250=28 250）

"原材料"为资产类科目，用于核算公司库存的各种材料（包括原料及主要材料、辅助材料、外购半成品、修理用备件、包装材料、燃料等）的计划成本或实际成本。材料验收入库时，借记本科目；材料领用，贷记本科目；本科目的期末余额在借方，反映公司库存材料的计划成本或实际成本。公司应当按照材料的保管地点（仓库）、材料的类别、品种和规格等进行明细核算。

【例9-11】接【例9-10】，光明公司将所购入的材料验收入库。

分析：材料验收入库，则在途材料（资产）减少，库存材料（资产）增加。故应编制会计分录如下：

借：原材料——甲材料　　　　　　　　　　25 000

　　贷：在途物资——甲材料　　　　　　　　　25 000

注意：购入的材料全部验收入库并结转后，"在途材料"科目余额应为零。

二、固定资产购建业务

"固定资产"为资产类科目，用于核算公司所持有固定资产的原价。公司应当按照固定资产类别和项目进行明细核算。当公司因购入或通过其他方式取得可直接投入使用的固定资产时，借记本科目；因处置而减少固定资产时，贷记本科目；本科目期末余额在借方，反映公司固定资产的账面原价。

【例9-12】光明公司购入了一套办公设备，设备价款20 000元，运费1000元，开出承兑商业汇票。

分析：公司购入设备，则公司"固定资产"增加；同时，款项未付，但开出了承兑商业汇票，则公司负债增加，计入"应付票据"科目。故应编制会计分录如下：

借：固定资产   21 000

  贷：应付票据   21 000

若购入的设备需要安装后才能使用，则购入的固定资产应先通过"在建工程"科目核算设备及安装成本，待安装完毕设备可投入使用后，再将全部成本转入"固定资产"科目。

【例9-13】接【例9-12】，光明公司购入的上述办公设备需要安装，安装费用为500元，款项以银行存款支付。

分析：购入的设备因需要安装，故先记入"在建工程"科目；发生安装费用时，则在建工程成本增加，同时，银行存款减少；待安装完工时，则将"在建工程"借方发生额合计转入"固定资产"科目。故应编制会计分录如下：

（1）购入设备时：

借：在建工程   21 000

  贷：应付票据   21 000

（2）发生安装费用时：

借：在建工程   500

  贷：银行存款   500

（3）安装完工时：

借：固定资产   21 500

  贷：在建工程   21 500

注意：工程完工并结转后，"在建工程"科目余额应为零。

第三节　生产过程业务的账务处理

产品生产过程业务的会计核算，主要涉及原材料的领用、职工薪酬的确认与支付、生产费用的摊销与分配、生产设备等固定资产的折旧、完工产品成本的计算与入库等内容。"生产成本"为成本类科目，用于核算公司进行工业性生产时发生的各项生产费用，包括生产各种产品（包括产成品、自制半成品等）、自制材料、自制工具、自制设备等所发生的费用。公司应当按照基本生产成本和辅助生产成本进行明细核算。基本生产成本应当分别按照生产车间和成本核算对象（如产品的品种、类别、订单、批别、生产阶段等）设置明细账（或成本计算单，下同），并按照规定的成本项目设置专栏。当公司发生各项直接的生产费用时，即生产成本增加，应借记本科目；因产品完工入库，在产品减少时，应将完工产品的"生产成本"结转入"库存商品"科目；本科目期末余额在借方，反映公司尚未加工完成的在产品的成本或生产性生物资产尚未收获的农产品成本。

【例9-14】光明公司生产车间为了生产A产品领用了一批甲材料，材料成本为20 000元。

分析：材料从仓库领出，则库存的原材料减少；同时，投入车间的在产品生产成本增加。故公司应编制会计分录如下：

借：生产成本——基本生产成本（A产品）　　　　20 000
　　贷：原材料——甲材料　　　　　　　　　　　　　　　　20 000

"制造费用"为成本类科目，用于核算公司生产车间、部门为生产产品和提供劳务而发生的各项间接费用，如固定资产折旧、职工薪酬、物料消耗、水电支出、停工损失等，可按不同的生产车间、部门和费用项目进行明细核算。当公司产品生产的间接费用发生或增加时，借记本科目；期末，将产品生产所产生的间接费用在受益产品间分配并结转入"生产成本"科目时，贷记本科目；除季节性的生产性企业外，本科目期末应无余额。

【例9-15】光明公司生产车间领用一批生产用物料，物料成本20 000元。

分析：物料从仓库领出，则库存的原材料减少；同时，投入车间在产品生产的间接成本增加。故公司应编制会计分录如下：

借：制造费用   20 000

    贷：原材料——甲材料   20 000

"应付职工薪酬"为负债类科目，用于核算公司根据有关规定应付给职工的各种薪酬。公司（外商）按规定从净利润中提取的职工奖励及福利基金，也在本科目核算。本科目可按"工资""职工福利""社会保险费""住房公积金""工会经费""职工教育经费""非货币性福利""辞退福利""股份支付"等科目进行明细核算。当公司计算确认应付的职工薪酬时，贷记本科目；当公司实际支付职工薪酬时，借记本科目；本科目期末余额在贷方，反映公司应付未付的职工薪酬。

【例9-16】光明公司期末计提当期应付给生产人员的薪酬为50 000元，其中A产品直接生产人员薪酬为20 000元，B产品直接生产人员薪酬为16 000元，车间间接生产人员薪酬为14 000元。

分析：公司计算确认应付职工薪酬时，一方面表明公司产品生产费用增加，另一方面表明公司应付给职工的本薪增加。故应编制会计分录如下：

借：生产成本——基本生产成本（A产品）   20 000

    生产成本——基本生产成本（B产品）   16 000

    制造费用   14 000

    贷：应付职工薪酬——工资   50 000

【例9-17】光明公司以银行存款支付上述生产人员薪酬，同时代扣职工个人所得税1 000元。

分析：公司以银行存款支付职工薪酬，一方面引起公司银行存款减少，同时减少了公司的应付职工薪酬；另外，公司代扣了职工的个人所得税，故"应交税费"科目相应增加。故应编制会计分录如下：

借：应付职工薪酬——工资　　　　　　　　　　　50 000

　　贷：银行存款　　　　　　　　　　　　　　　49 000

　　应交税费——代扣代缴个人所得税　　　　　　1 000

此外，公司管理部门人员、销售人员的薪酬，应分别通过"管理费用""销售费用"科目进行核算。"累计折旧"为资产类科目，用来核算公司固定资产的累计折旧，公司应按固定资产的类别或项目进行明细核算。公司按月计提固定资产折旧时，贷记本科目；待固定资产等原因而注销固定资产原价的同时，转销相应的累计折旧，借记本科目；本科目期末余额在贷方，反映公司固定资产的累计折旧额。

【例9-18】光明公司当月计提车间固定资产折旧，共计20 000元。

分析：固定资产折旧是固定资产用于产品生产过程而发生的价值损耗，公司对固定资产计提折旧，一方面表明公司所有在产品应承担的间接生产费用增加，另一方面表明固定资产的账面价值减少。故应编制会计分录如下：

借：制造费用　　　　　　　　　　　　　　　20 000

　　贷：累计折旧　　　　　　　　　　　　　　20 000

月末，公司应将本月累计发生的制造费用在不同的产品间进行分配，并将其转入相应的产品"生产成本"科目。间接生产费用的具体分配依据为产品数量、生产工时、产品体积、产品质量等。

【例9-19】假设光明公司当月累计发生的间接生产费用（由A产品和B产品共同承担）共计100 000元，其中，A产品应承担60%，其余由B产品承担。月末，公司将上述间接生产费用分别转入两种产品的"生产承租"科目。

分析：将间接生产费用分配转入产品的生产成本，则"制造费用"科目因分配结转而减少，"生产成本"科目因转入分配的"制造费用"而增加。故应编制会计分录如下：

借：生产成本——基本生产成本（A产品）　　60 000（100 000×60%=60 000）

　　生产成本——基本生产成本（B产品）　　40 000（100 000×40%=40 000）

　　贷：制造费用　　　　　　　　　　　　　100 000

"库存商品"为资产类科目，用于核算公司库存的各种商品的实际成本

（或进价）或计划成本（或售价），包括库存产成品、外购商品、存放在零售商店准备出售的商品、发出展览的商品以及寄存在外的商品等。接受来料加工制造的代制品和为外单位加工修理的代修品，在制造和修理完成验收入库后，视同公司的产成品，也通过本科目核算。本科目可按库存商品的种类、品种和规格等进行明细核算。公司产品完工入库时，借记本科目；因出售等原因而减少库存商品时，贷记本科目；本科目期末余额在借方，反映公司库存商品的实际成本（或进价）或计划成本（或售价）。

【例9-20】月末，光明公司完工A产品一批，验收入库，该批完工产品生产成本共计40 000元。

分析：产品完工入库，一方面表明库存商品增加，另一方面表明车间的在产品因完工而减少。故应编制会计分录如下：

借：库存商品——A产品　　　　　　　　　40 000
　　贷：生产成本——基本生产成本（A产品）　　40 000

第四节 销售过程业务的账务处理

公司生产的产品主要用于销售。公司通过产品销售最终实现收入，获得相应的货款或债权。获得销售收入的代价就是转让的商品所有权，即公司将库存商品转让给客户，这种为取得销售收入而让渡的商品生产成本就构成了收入的代价，即产生了公司的一项费用。相应地，公司收入与费用的差额就形成了公司的利润，并用于股东利润的分配或留存于公司继续用于生产经营。公司在销售产品的过程中，还会发生其他的相关费用，如销售税金、销售运杂费、产品广告费、销售机构的办公费等。

"主营业务收入"为损益类（收入）科目，用于核算公司确认的销售商品、提供劳务等主营业务形成的收入，可按主营业务的种类进行明细核算。公司确认实现营业收入时，贷记本科目；期末，应将本科目的余额转入"本年利润"科目，结转时应借记本科目；结转后本科目应无余额。

【例9-21】光明公司为小规模纳税人，适用增值税税率为3%，其出售了一批商品，售价103 000元，款项已收到并存入银行。

分析：公司将产品售出，款项也已收到，表明公司营业收入增加、存款增加；另外，作为小规模纳税人，公司应按收入的一定比率计算应缴纳的增值税额，即在公司营业收入增加的同时，还应同时确认一笔负债（应交税费）。故光明公司应计算该笔业务应缴纳的增值税并编制会计分录如下：

应缴纳的增值税=103 000÷（1+3%）×3%=3 000（元），主营业务收入=103 000-3 000=100 000（元）。

借：银行存款　　　　　　　　　　　　　　　103 000

　　贷：主营业务收入　　　　　　　　　　　　100 000

　　　　应交税费——应交增值税　　　　　　　　3 000

"主营业务成本"为损益类（费用）科目，用于核算公司确认销售商品、提供劳务等主营业务收入时应结转的成本，可按主营业务的种类进行明细核算。公司确认发生的主营业务成本时，借记本科目；期末，将本科目的余额转入"本年利润"科目，贷记本科目；结转后本科目应无余额。

【例9-22】接【例9-21】，光明公司所售出的该批商品的成本为70 000元。

分析：公司为获得收入，将库存商品的所有权出让并交付了商品，表明公司库存商品减少，主营业务成本增加。故光明公司应编制会计分录如下：

借：主营业务成本　　　　　　　　　　　　　70 000

　　贷：库存商品　　　　　　　　　　　　　　70 000

【例9-23】光明公司为一般纳税公司，适用增值税税率为13%。公司出售了一批商品，不含增值税售价为10 000元，收到购货方开出的商业承兑汇票。

分析：一般纳税公司在销售商品时，不仅要向客户收取货款，还应按适用的税率计算并代收增值税。故光明公司应计算该笔业务应缴纳的增值税并编制会计分录如下：

应缴纳的增值税=10 000×13%=1 300元，应收票据=10 000 +1 300= 11 300（元）。

借：应收票据　　　　　　　　　　　　　　11 300

　　贷：主营业务收入　　　　　　　　　　　　10 000

　　　　应交税费——应交增值税　　　　　　　1300

"其他业务收入"为损益类（收入）科目，用于核算公司确认的除主营业务活动以外的其他经营活动实现的收入，包括出租固定资产、出租无形资产、用材料进行非货币性资产交换（非货币性资产交换具有商业实质且公允价值能够可靠计量）或债务重组等实现的收入，可按其他业务收入种类进行明细核算。公司确认实现其他业务收入时，贷记本科目；期末，将本科目余额转入"本年利润"科目时，借记本科目；结转后本科目应无余额。

【例9-24】光明公司为一般纳税人，适用增值税税率13%。公司售出一批原材料，不含税售价为50 000元，收到购货方货款并存入银行。

分析：公司通过材料销售业务，取得了货款及代收的税款，并实现了一笔其他业务收入，同时还产生了一笔应纳税额（应交税费）。故光明公司应计算该笔业务应缴纳的增值税并编制会计分录如下：

应缴纳的增值税=50 000×13%=6 500（元），银行存款=50 000+6 500=56 500（元）。

借：银行存款　　　　　　　　　　　56 500
　　贷：其他业务收入　　　　　　　　　　50 000
　　应交税费——应交增值税（销项税额）6 500（50 000×13%=6 500）

"其他业务成本"为损益类（费用）科目，用于核算公司确认的除主营业务活动以外的其他经营活动所发生的支出，包括销售材料的成本、出租固定资产的折旧额等，可按其他业务成本的种类进行明细核算。公司确认发生其他业务成本时，借记本科目；期末，将本科目余额转入"本年利润"科目时，贷记本科目；结转后本科目无余额。

【例9-25】接【例9-24】，假设光明公司所售出的该批材料的账面成本为30 000元。

分析：公司为获得收入，将库存材料的所有权出让并交付了材料，表明公司库存材料减少、其他业务成本增加。故光明公司应编制如下会计分录：

借：其他业务成本　　　　　　　　　30 000
　　贷：原材料　　　　　　　　　　　　30 000

"税金及附加"为损益类（费用）科目，用于核算公司经营活动发生的消费税、城市维护建设税和教育费附加、资源税、房产税、车船税、城镇土地使用税、印花税等相关税费。公司按规定计算与经营活动相关的税费时，借记本科目；期末，将本科目余额转入"本年利润"科目时，贷记本科目；结转后本科目应无余额。

【例9-26】光明公司经计算，当期销售的应税消费品应缴纳的消费税为4 000元，同时缴纳城市维护建设税1 000元。

分析：公司因销售商品必须承担相应的纳税义务，由此而产生的费用增加记入本科目的借方，同时确认相应的负债（应交税费）增加。故光明公司应编制会计分录如下：

借：税金及附加   5 000

  贷：应交税费——应交消费税   4 000

    应交税费——应交城市维护建设税 1 000

【例9-27】光明公司以银行存款支付了当期销售商品应缴纳的消费税4 000元、城市维护建设税1 000元。

分析：公司以存款支付税费，故光明公司应编制会计分录如下：

借：应交税费——应交消费税   4 000

  应交税费——应交城市维护建设税 1 000

  贷：银行存款   5 000

"销售费用"为损益类（费用）科目，用于核算公司销售商品和材料、提供劳务的过程中发生的各种费用，包括保险费、包装费、展览费和广告费、商品维修费等，以及为销售本公司商品而专设的销售机构（含销售网点、售后服务网点等）的职工薪酬、业务费、折旧费等经营费用。公司发生的与专设销售机构相关的固定资产修理费等后续支出，也在本科目核算，本科目可按费用项目进行明细核算。公司在销售商品过程中发生各种经营费用时，借记本科目；期末，将本科目余额转入"本年利润"科目，结转后本科目无余额。

【例9-28】光明公司为了销售商品，以银行存款支付产品运费1 000元。

分析：公司以现金支付销售运费，一方面现金减少，同时销售费用增加。故光明公司应编制会计分录如下：

借：销售费用   1 000

  贷：银行存款等   1 000

【例9-29】光明公司计提销售部门办公楼、办公设备折旧共计3 000元。

分析：公司计提固定资产折旧，一方面表明累计折旧增加；同时，因计提销售部门固定资产折旧所引起的固定资产价值减少作为一项销售费用增加处理。故光明公司应编制会计分录如下：

借：销售费用   3 000

  贷：累计折旧   3 000

第十章

会计的税务工作——核算与申报

　　根据《中华人民共和国税收征收管理法》的规定，纳税申报是指纳税人按照税法规定的期限和内容向税务机关提交有关纳税事项书面报告的法律行为，是纳税人履行纳税义务、承担法律责任的主要依据，是税务机关税收管理信息的主要来源和税务管理的一项重要制度。

　　纳税人、扣缴义务人的纳税申报或者代扣代缴、代收代缴税款报告表的主要内容包括税种、税目、应纳税项目或者应代扣代缴、代收代缴税款项目、适用税率或者单位税额、计税依据、扣除项目及标准、应纳税额或者应代扣代缴、代收代缴税额、税款所属期限等。

第一节　增值税纳税申报

一、增值税的征收管理要求

《中华人民共和国增值税暂行条例》对有关增值税的征收管理做出如下规定：

（一）增值税的纳税义务发生时间

（1）采取直接收款方式销售货物的，不论货物发出与否，均为收到销售款项或取得索取销售款项凭据的当日。

销售应税劳务，为提供劳务同时收讫销售款项或是取得索取销售款项凭据的当日。

（2）纳税人发生销售服务、无形资产或是不动产行为的，为收讫销售款项或是索取销售款项凭据的当日；先开具发票的，为开具发票的当日。

（3）采用托收承付和委托银行收款方式销售货物的，为发出货物并办妥托收手续的当日。

（4）采用赊销和分期收款方式销售货物的，为书面合同约定的收款日期的当日，无书面合同的或书面合同没有约定收款日期的，为货物发出的当日。

（5）采用预收货款方式销售货物的，为货物发出的当日，但是生产销售工期超过12个月的大型机械设备、船舶、飞机等货物，为收到预收款或书面合同约定的收款日期的当日。

纳税人提供租赁服务采用预收款方式的，其纳税义务发生时间为收到预收款的当日。

（6）纳税人提供建筑服务取得预收款，应在收到预收款时，以取得的预收款扣除支付的分包款后的余额，按照规定的预征率预缴增值税。按照现行规定应在建筑服务发生地预缴增值税的项目，纳税人收到预收款时在建筑服务发生地预缴增值税。按照现行规定无须在建筑服务发生地预缴增值税的项目，纳税人收到预收款时在机构所在地预缴增值税。适用一般计税方法计税的项目预征率为2%，适用简易计税方法计税的项目预征率为3%。

（7）委托其他纳税人代销货物的，为收到代销单位的代销清单或收到全部或者部分货款的当日。未收到代销清单及货款的，为发出代销货物满180天的当日。

（8）纳税人从事金融商品转让的，为金融商品所有权转移的当日。

（9）证券公司、保险公司、金融租赁公司、证券基金管理公司、证券投资基金以及其他经人民银行、银保监会、证监会批准成立且经营金融保险业务的机构发放贷款后，自结息日起90天内发生的应收未收利息按现行规定缴纳增值税，自结息日起90天后发生的应收未收利息暂不缴纳增值税，待实际收到利息时按规定缴纳增值税。

（10）纳税人提供建筑服务，被工程发包方从应支付的工程款中扣押的质押金、保证金，未开具发票的，以纳税人实际收到质押金、保证金的当日为纳税义务发生的时间。

（11）纳税人发生视同销售货物行为（不包括代销行为）的，为货物移送的当日。纳税人发生视同销售服务、无形资产或不动产行为的，其纳税义务发生时间为销售服务、无形资产或者不动产权属变更的当日。

（12）纳税人进口货物时，纳税义务发生时间为报关进口的当日。

（13）增值税扣缴义务发生时间为纳税人增值税纳税义务发生的当日。

（二）增值税的纳税期限

增值税的纳税期限分别为1日、3日、5日、10日、15日、1个月或者1个季度。纳税人的具体纳税期限，由主管税务机关根据纳税人应纳税额的大小分别核定。以1个季度为纳税期限的规定适用于小规模纳税人、银行、财务公司、信托投资公司、信用社，以及财政部和国家税务总局规定的其他纳税人。不能按照固定期限纳税的，可以按次纳税。

纳税人以1个月或者1个季度为1个纳税期的，自期满之日起15日内申报纳税；以1日、3日、5日、10日或者15日为1个纳税期的，自期满之日起5日内预缴税款，于次月1日起15日内申报纳税并结清上月应纳税款。

扣缴义务人解缴税款的期限，按照上述规定执行。

（三）增值税的纳税地点

1. 原增值税纳税人增值税的纳税地点

（1）固定业户应当向其机构所在地主管税务机关申报纳税。总机构和分支机构不在同县（市）的，应当分别向各自所在地主管税务机关申报纳税；经国务院财政、税务主管部门或者其授权的财政、税务机关批准，可以由总机构汇总向总机构所在地主管税务机关申报纳税。

固定业户到外县（市）销售货物或者劳务，应当向其机构所在地的主管税务机关报告外出经营事项，并向其机构所在地的主管税务机关申报纳税；未报告的，应当向销售地或者劳务发生地的主管税务机关申报纳税；未向销售地或者劳务发生地的主管税务机关申报纳税的，由其机构所在地的主管税务机关补征税款。

（2）非固定业户销售货物或者应税劳务，应当向其销售地或者劳务发生地的主管税务机关申报纳税；未向销售地或者劳务发生地的主管税务机关申报纳税的，由其机构所在地或者居住地主管税务机关补征税款。

（3）进口货物时，应当向报关地海关申报纳税。

（4）扣缴义务人应当向其机构所在地或者居住地的主管税务机关申报缴纳其应扣缴的税款。

2."营改增"试点增值税纳税人的纳税地点

（1）固定业户应当向其机构所在地或者居住地主管税务机关申报纳税。总机构和分支机构不在同一县（市）的，应当分别向各自所在地的主管税务机关申报纳税；经财政部和国家税务总局或者其授权的财政和税务机关批准，可以由总机构汇总向总机构所在地的主管税务机关申报纳税。

（2）非固定业户应当向应税行为发生地主管税务机关申报纳税；未申报纳税的，由其机构所在地或者居住地主管税务机关补征税款。

（3）原以地市一级机构汇总缴纳营业税的金融机构，"营改增"后继续以地市一级机构汇总缴纳增值税。

同一省（自治区、直辖市、计划单列市）范围内的金融机构，经省（自治区、直辖市、计划单列市）税务局和财政厅（局）批准，可以由总机构汇总向总机构所在地的主管税务机关申报缴纳增值税。

（4）其他个人提供建筑服务、销售或租赁不动产、转让自然资源使用权的，应向建筑服务发生地、不动产所在地、自然资源所在地主管税务机关申报纳税。

（5）扣缴义务人应当向纳税人机构所在地或居住地主管税务机关申报缴纳其扣缴的税款。

二、增值税的纳税申报实务

《中华人民共和国税收征收管理法》中对于增值税的纳税申报具有如下规定：

（一）一般纳税人增值税的纳税申报实务

1. 申报及缴纳程序

一般纳税人办理纳税申报，需要经过发票认证、抄税、纳税申报、报税、税款缴纳等工作。

（1）发票认证。增值税一般纳税人本期申报抵扣的增值税专用发票必须先认证，纳税人可以持增值税专用发票的抵扣联在办税服务厅认证窗口认证，或进行远程认证（指网上增值税专用发票认证）。网上增值税专用发票认证是增值税一般纳税人月底前使用扫描仪采集专用发票抵扣联票面信息，输入认证专用软件（增值税发票抵扣联企业信息采集系统），生成电子数据，通过互联网报送税务机关，由税务机关进行解密认证，并将认证结果返回纳税人的一种专用发票认证方式。税务机关认证后，向纳税人下达"认证结果通知书"和"认证结果清单"。对于认证不符及密文有误的抵扣联，税务机关暂不予抵扣，并当场扣留做调查处理。未经认证的，不得申报抵扣。专用发票认证通常在月末进行。

（2）抄税。抄税是指开票纳税人将防伪税控中当月开具的增值税发票的信息读入纳税人开具发票使用的IC卡中，然后将IC卡带到税务局去报税。抄税在次月初进行，每月初，开票子系统会提示"金税卡已到抄税期，请您及时抄税"，此时企业就必须进行抄税的工作。

（3）纳税申报。本步纳税申报主要是指提交纳税申报表等资料，而广义的纳税申报包括上一步抄税和下一步报税。

纳税申报工作可分为上门申报和网上申报。纳税人在次月1日至15日内，不论有无销售额，均应按主管税务机关核定的纳税期限按时向当地税务机关申报。

上门申报是指纳税人到办税服务大厅纳税申报窗口请购，或到税务局网站下载、打印整套"增值税纳税申报表（一般纳税人适用）"，依填报说明，填写一式两份纸质报表或在税务局网站上直接填写申报表。纳税人携带填写好的"增值税纳税申报表（一般纳税人适用）"和相关资料到办税服务大厅纳税窗口进行纳税申报。

网上申报是纳税人通过网络，填写增值税纳税申报相关表格，并向主管税务机关提交纳税申报表等资料的一种纳税申报方法。目前，我国绝大多数地区实行网上申报。

（4）报税。报税是纳税人在抄税和提交纳税申报表等资料之后，将IC卡拿到税务机关，由税务人员将IC卡的信息读入税务机关的金税系统。通过前面的抄税，税务机关确保了所有开具的销项税发票都读入了金税系统；通过本步报税，税务机关确保了所有可抵扣的进项税发票都读入了金税系统。这样，税务机关便可以在系统内由系统自动进行比对，确保任何一张可抵扣的进项税发票都有销项税发票与其相对应。报税同样在次月初进行，是抄税之后的一个工作环节。

一般纳税人抄税、报税时应当注意：

（1）上月纳税人开具的所有增值税专用发票是否全部抄税、报税，否则有可能造成存根联的漏采集。

（2）一般纳税人月度中间重新更换金税卡的，要特别注意在更换金税卡前已经开具的增值税专用发票是否抄税、报税成功，否则要携带未抄税成功发票的存根联或记账联到办税服务厅服务窗口进行非常规报税及存根联补录。

（3）纳税人报税后申报时发现比对不符的要及时查明原因，不能随便调整申报表数据进行申报。

（4）税款缴纳。对于实行税库银联网的纳税人而言，税务机关将纳税申报表单据送到纳税人的开户银行，由银行进行自动转账处理；而对于未实行税库银联网的纳税人而言，则应当到税务机关指定的银行进行现金缴纳。

2．纳税申报时需提交的资料

增值税一般纳税人对增值税进行纳税申报时，必须实行电子信息采集。使用防伪税控系统开具增值税专用发票的一般纳税人，必须在抄税、报税成功后，方可向所在地税务局办税服务厅进行纳税申报。

纳税申报资料包括纳税申报表及其附列资料和纳税申报其他资料。具体需要提报的纳税申报资料如下。

（1）增值税一般纳税人纳税申报表及其附列资料：

①增值税纳税申报表（一般纳税人适用），如表10-1所示。

②增值税纳税申报表附列资料（一）（本期销售情况明细）。

③增值税纳税申报表附列资料（二）（本期进项税额明细）。

④增值税纳税申报表附列资料（三）（服务、不动产和无形资产扣除项目明细）。

一般纳税人销售服务、不动产和无形资产，在确定服务、不动产和无形资产销售额时，按照有关规定可以从取得的全部价款和价外费用中扣除价款的，需填报"增值税纳税申报表附列资料（三）（服务、不动产和无形资产扣除项目明细）"，其他情况不用填写该附列资料。

⑤增值税纳税申报表附列资料（四）（税额抵减情况表）。

⑥增值税减免税申报明细表。

表 10-1　增值税纳税申报表

（一般纳税人适用）

根据国家税收法律法规及增值税相关规定编制本表。纳税人无论有无销售额，均应按税务机关核定的纳税期限填写本表，并向当地税务机关申报。

税款所属时间：20__年__月__日至20__年__月__日

填表日期：20__年__月__日　　　　　　　　金额单位：元（列至角分）

纳税人识别号												所属行业：		
纳税人名称			法定代表人姓名			注册地址			营业地址					
开户银行及账号			企业登记注册类型						电话号码					
项　目		栏次	一般货物及劳务		即征即退货物及劳务				
			本月数	本年累计	本月数	本年累计			
销售额	（一）按适用税率征税货物及劳务销售额	1							
	其中：应税货物销售额	2							
	应税劳务销售额	3							
	纳税检查调整的销售额	4							
	（二）按简易征收办法征税货物销售额	5							
	其中：纳税检查调整的销售额	6							
	（三）免、抵、退办法出口货物销售额	7			—	—			
	（四）免税货物及劳务销售额	8							
	其中：免税货物销售额	9			—	—			
	免税劳务销售额	10			—	—			

续表

项 目		栏次	一般货物及劳务		即征即退货物及劳务	
			本月数	本年累计	本月数	本年累计
税额计算	销项税额	11				
	进项税额	12				
	上期留抵税额	13		—		—
	进项税额转出	14				
	免、抵、退货物应退税额	15		—		—
	按适用税率计算的纳税检查应补缴税额	16				
	应抵扣税额合计	17=12+13−14−15+16		—		—
	实际抵扣税额	18（如 17<11，则为 17，否则为 11）				
	应纳税额	19=11−18				
	期末留抵税额	20=17−18		—		—
	简易征收办法计算的应纳税额	21				
	按简易征收办法计算的纳税检查应补缴税额	22		—		—
	应纳税额减征额	23				
	应纳税额合计	24=19+21−23				
税款缴纳	期初未缴税额（多缴为负数）	25				
	实收出口开具专用缴款书退税额	26		—		—
	本期已缴税项	27=28+29+30+31				
	①分次预缴税额	28		—		—

项　目		栏次	一般货物及劳务		即征即退货物及劳务	
			本月数	本年累计	本月数	本年累计
税款缴纳	②出口开具专用缴款书缴税额	29		—		—
	③本期缴纳上期应纳税额	30				
	④本期缴纳欠缴税额	31				
	期末未缴税额（多缴为负数）	32=24+25+26−27				
	其中：欠税税额（≥0）	33=25+26−27		—		—
	本期应补（退）税额	34=24−28−29				
	即征即退实际退税额	35	—			
	期初未缴查补税额	36			—	—
	本期入库查补税额	37			—	—
	期末未缴查补税额	38=16+22+36−37			—	—
授权声明	如果你已授权委托代理人申报，请填写下列资料： 为代理一切税务事宜，现授权（地址）为本纳税人的代理人，任何与本申报表有关的往来文件，都可寄予此人。 授权人签名：		申报人声明	此纳税申报表是根据《中华人民共和国增值税暂行条例》的规定填报，我相信它是真实的、可靠的、完整的。 声明人签字：		

主管税务机关：　　　　　接收人：　　　　　　　接收日期：

（2）纳税申报其他资料包括：

①已开具的税控机动车销售统一发票和普通发票的存根联。

②符合抵扣条件且在本期申报抵扣的防伪税控增值税专用发票、机动车销售统一发票的抵扣联。

③符合抵扣条件且在本期申报抵扣的海关进口增值税专用缴款书、购进农产品取得的普通发票。

④符合抵扣条件且在本期申报抵扣的税收完税凭证及其清单、书面合同、付款证明和境外单位的对账单或者发票。

⑤已开具的农产品收购凭证的存根联或报查联。

⑥纳税人销售服务、不动产和无形资产，在确定服务、不动产和无形资产销售额时按照有关规定从取得的全部价款和价外费用中扣除价款的合法凭证及其清单。

⑦主管税务机关规定的其他资料。

（3）纳税申报表及其附列资料为必报资料。纳税申报其他资料的报备要求由各省、自治区、直辖市和计划单列市税务局确定。

（二）小规模纳税人增值税的纳税申报实务

小规模纳税人对增值税进行纳税申报时，应填报增值税纳税申报表（小规模纳税人适用）附列资料（本附列资料由发生应税行为且有扣除项目的纳税人填写，各栏次均不包含免征增值税项目的金额），如表10-2所示；增值税纳税申报表（小规模纳税人适用），如表10-3所示。

表 10-2 增值税纳税申报表（小规模纳税人适用）附列资料

税款所属期：20 年 月 日至20 年 月 日　　填表日期：20 年 月 日

纳税人名称（公章）：　　　　　　　　　　金额单位：元至角分

应税行为（3% 征收率）扣除额计算			
期初余额	本期发生额	本期扣除额	期末余额
1	2	3（3 ≤ 1+2 之和，且 3 ≤ 5）	4=1+2-3
应税行为（3% 征收率）计税销售额计算			
全部含税收入（适用 3% 征收率）	本期扣除额	含税销售额	不含税销售额
5	6=3	7=5-6	8=7÷1.03
应税行为（5% 征收率）扣除额计算			
期初余额	本期发生额	本期扣除额	期末余额
9	10	11（11 ≤ 9+10 之和，且 11 ≤ 13）	12=9+10-11
应税行为（5% 征收率）计税销售额计算			
全部含税收入（适用 5% 征收率）	本期扣除额	含税销售额	不含税销售额
13	14=11	15=13-14	16=15÷1.05

表 10-3　增值税纳税申报表
（小规模纳税人适用）

纳税人识别号：☐☐☐☐☐☐☐☐☐☐☐☐☐☐☐☐☐☐☐☐

纳税人名称（公章）：　　　　　　　　　　　　　金额单位：元至角分

税款所属期：　年　月　日至　年　月　日　　　　填表日期：　年　月　日

	项目	栏次	本期数		本年累计	
			货物及劳务	服务、不动产和无形资产	货物及劳务	服务、不动产和无形资产
一、计税依据	（一）应征增值税不含税销售额（3% 征收率）	1				
	税务机关代开的增值税专用发票不含税销售额	2				
	税务器具开具的普通发票不含税销售额	3				
	（二）应征增值税不含税销售额（5% 征收率）	4	—		—	
	税务机关代开的增值税专用发票不含税销售额	5	—		—	
	税控器具开具的普通发票不含税销售额	6	—		—	
	（三）销售使用过的固定资产不含税销售额	7（7 ≥ 8）		—		—
	其中：税控器具开具的普通发票不含税销售额	8				
	（四）免税销售额	9=10+11+12				
	其中：小微企业免税销售额	10				
	未达起征点销售额	11				
	其他免税销售额	12				
	（五）出口免税销售额	13（13 ≥ 14）				
	其中：税控器具开具的普通发票销售额	14				

项目		栏次	本期数		本年累计	
			货物及劳务	服务、不动产和无形资产	货物及劳务	服务、不动产和无形资产
二、税款计算	本期应纳税额	15				
	本期应纳税额减征额	16				
	本期免税额	17				
	其中：小微企业免税额	18				
	未达起征点免税额	19				
	应纳税额合计	20=15−16				
	本期预缴税额	21				
	本期应补（退）税额	22=20−21				

纳税人或代理人声明：	如纳税人填报，由纳税人填写以下各栏：	
本纳税申报表是根据国家税收法律法规及相关规定填报的，我确定它是真实的、可靠的、完整的。	办税人员： 法定代表人：	财务负责人： 联系电话：
	如委托代理人填报，由代理人填写以下各栏：	
	代理人名称（公章）：	经办人： 联系电话：

主管税务机关：　　　　　接收人：　　　　　接收日期：

第二节　企业所得税纳税申报

一、企业所得税的征收管理要求

《中华人民共和国企业所得税法》（以下简称《企业所得税法》）对于企业所得税的征收管理做出如下规定：

（一）企业所得税的纳税期限

企业所得税按年计征，分月或分季预缴，年终汇算清缴，多退少补。

企业所得税的纳税年度从公历1月1日起至12月31日止。企业在一个纳税年度的中间开业，或由于合并、关闭等原因终止经营活动，使该纳税年度的实际经营期不足12个月的，应当以其实际经营期为一个纳税年度。企业清算时，应当以清算期间作为一个纳税年度。

按月或按季预缴的，应当从月份或者季度终了之日起15日内，向税务机关报送预缴企业所得税纳税申报表，预缴税款。

从年度终了之日起5个月内，向税务机关报送年度企业所得税纳税申报表，并汇算清缴，结清应缴纳所得税款。

企业在年度中间终止经营活动的，应当从实际经营终止之日起60日内，向税务机关办理当期企业所得税汇算清缴。

（二）企业所得税纳税地点

除税收法规、行政法规另有规定外，居民企业以企业登记注册地为纳税地点。但登记注册地在境外的，以实际管理机构所在地为纳税地点。企业登记注册地是指企业依照国家有关规定登记注册的住所地。除国务院另有规定外，企业之间不得合并缴纳企业所得税。

居民企业在中国境内设立不具有法人资格的营业机构的，应当汇总计算并缴纳企业所得税。企业汇总计算并缴纳所得税时，应当统一核算应纳税所得额。

非居民企业在中国境内设立机构、场所的，应当就其所设机构、场所取得的来源于中国境内的所得，以及发生在中国境外但是与其所设机构、场所有实际联系的所得，以机构、场所所在地为纳税地点。非居民企业在中国境内设立两个或者两个以上的机构、场所的，经税务机关审核批准，可以选择由其主要机构、场所汇总缴纳企业所得税。非居民企业在中国未设立机构、场所的，或者虽然设立机构、场所但取得的所得与其所设机构、场所没有实际联系的所得，以扣缴义务人所在地为纳税地点。

（三）企业所得税纳税申报的其他要求

企业在报送企业所得税纳税申报表时，应当按照规定附送财务会计报告和其他有关资料。

企业应当在办理注销登记前，就其清算所得向税务机关申报并依法缴纳企业所得税。

按照企业所得税法缴纳的企业所得税以人民币计算，所得以人民币之外的货币计算的，应当折合成人民币计算并缴纳税款。

企业在纳税年度内无论盈利或亏损，都应当按照《企业所得税法》第五十四条规定的期限，向税务机关报送预缴企业所得税纳税申报表、年度企业所得税纳税申报表、财务会计报告和税务机关规定应当报送的其他有关资料。

二、企业所得税的纳税申报实务

依照《税收征收管理法》和《企业所得税法》，纳税人在纳税年度内无论盈利或亏损，都应当按照规定的期限，向当地主管税务机关报送所得税纳税申报表和年度会计报表。

纳税人进行清算时，应当在办理工商注销登记之前，向当地主管税务机关办理所得税申报。

（一）填写企业所得税预缴纳税申报表

查账征收企业所得税的居民纳税义务人及在中国境内设立机构场所的非居民纳税义务人在月（季）度预缴企业所得税时应填制中华人民共和国企业所得税月（季）度预缴纳税申报表（A类），如表10-4所示，以及不征税收入和税基类减免应纳税所得额明细表、固定资产加速折旧（扣除）明细表和减免所得税额明细表；实行核定征收管理办法缴纳企业所得税的纳税人在月（季）度申报缴纳企业所得税时应填制中华人民共和国企业所得税月（季）度预缴和年度纳税申报表（B类），如表10-5所示。

表10-4　中华人民共和国企业所得税月（季）度预缴纳税申报表（A类）

税款所属期间：　　年　月　日至　　年　月　日

纳税人识别号（统一社会信用代码）：

纳税人名称：　　　　　　　　　　　　金额单位：人民币元（列至角分）

预缴方式	□按照实际利润额预缴	□按照上一纳税年度应纳税所得额平均额预缴	□按照税务机关确定的其他方法预缴
企业类型	□一般企业	□跨地区经营汇总纳税企业总机构	□跨地区经营汇总纳税企业分支机构

预缴税款计算

行次	项　目	本年累计金额
1	营业收入	
2	营业成本	
3	利润总额	
4	加：特定业务计算的应纳税所得额	
5	减：不征税收入	
6	减：免税收入、减计收入、所得减免等优惠金额（填写 A201010）	
7	减：固定资产加速折旧（扣除）调减额（填写 A201020）	
8	减：弥补以前年度亏损	
9	实际利润额（3+4-5-6-7-8）/按照上一纳税年度应纳税所得额平均额确定的应纳税所得额	
10	税率（25%）	
11	应纳所得税额（9×10）	
12	减：减免所得税额（填写 A201030）	
13	减：实际已缴纳所得税额	
14	减：特定业务预缴（征）所得税额	
15	本期应补（退）所得税额（11-12-13-14）/税务机关确定的本期应纳所得税额	

行次	项　目		本年累计金额
汇总纳税企业总分机构税款计算			
16	总机构填报	总机构本期分摊应补（退）所得税额（17+18+19）	
17		其中：总机构分摊应补（退）所得税额（15×总机构分摊比例____%）	
18		财政集中分配应补（退）所得税额（15×财政集中分配比例____%）	
19	总机构填报	总机构具有主体生产经营职能的部门分摊所得税额（15×全部分支机构分摊比例____%×总机构具有主体生产经营职能的部门分摊比例____%）	
20	分支机构填报	分支机构本期分摊比例	
21		分支机构本期分摊应补（退）所得税额	
附报信息			

小型微利企业	□是　□否	科技型中小企业	□是　□否
高新技术企业	□是　□否	技术入股递延纳税事项	□是　□否
期末从业人数			

谨声明：此纳税申报表是根据《中华人民共和国企业所得税法》《中华人民共和国企业所得税法实施条例》以及有关税收政策和国家统一会计制度的规定填报的，是真实的、可靠的、完整的。

法定代表人（签章）：　　　　年　月　日

纳税人公章： 会计主管： 填表日期：年 月 日	代理申报中介机构公章： 经办人： 经办人执业证件号码： 代理申报日期：　年　月　日	主管税务机关受理专用章： 受理人： 受理日期：　年　月　日

国家税务总局监制

表 10-5　中华人民共和国企业所得税月（季）度预缴和年度纳税申报表（B 类）

税款所属期间：　　年　月　日至　　年　月　日

纳税人识别号（统一社会信用代码）：

纳税人名称：　　　　　　　　　　　　　金额单位：人民币元（列至角分）

核定征收方式	□核定应税所得率（能核算收入总额的）　□核定应税所得率（能核算成本费用总额的）	
	□核定应纳所得税额	

行次	项　　目	本年累计金额
1	收入总额	
2	减：不征税收入	
3	减：免税收入（4+5+8+9）	
4	国债利息收入免征企业所得税	
5	符合条件的居民企业之间的股息、红利等权益性投资收益免征企业所得税	
6	其中：通过沪港通投资且连续持有 H 股满 12 个月取得的股息红利所得免征企业所得税	
7	通过深港通投资且连续持有 H 股满 12 个月取得的股息红利所得免征企业所得税	
8	投资者从证券投资基金分配中取得的收入免征企业所得税	
9	取得的地方政府债券利息收入免征企业所得税	
10	应税收入额（1-2-3）/成本费用总额	
11	税务机关核定的应税所得率（%）	
12	应纳税所得额（第 10×11 行）/［第 10 行 ÷（1－第 11 行）× 第 11 行］	
13	税率 25%	25%
14	应纳所得税额（12×13）	
15	减：符合条件的小型微利企业减免企业所得税	
16	减：实际已缴纳所得税额	
17	本期应补（退）所得税额（14-15-16）/税务机关核定本期应纳所得税额	

行次	项　目				本年累计金额
月（季）度申报填报	小型微利企业	□是　□否	期末从业人数		
年度申报填报	所属行业明细代码		国家限制或禁止行业	□是　□否	
	从业人数		资产总额（万元）		
谨声明：此纳税申报表是根据《中华人民共和国企业所得税法》《中华人民共和国企业所得税法实施条例》以及有关税收政策和国家统一会计制度的规定填报的，是真实的、可靠的、完整的。 　　　　　　　　　　　　法定代表人（签章）：　　　　年　月　日					
纳税人公章： 会计主管： 填表日期：　　年　月　日	代理申报中介机构公章： 经办人： 经办人执业证件号码： 代理申报日期：　　年　月　日		主管税务机关受理专用章： 受理人： 受理日期：　　年　月　日		

国家税务总局监制

（二）填写企业所得税年度纳税申报表

实行查账征收企业所得税的居民纳税人在年度企业所得税汇算清缴时，应填写"企业所得税年度纳税申报表（A类）（见表10-6）"及企业所得税年度纳税申报表附表，如企业所得税弥补亏损明细表、减免所得税优惠明细表、职工薪酬支出及纳税调整明细表、广告费和业务宣传费跨年度纳税调整明细表、捐赠支出及纳税调整明细表等。由于各企业的业务类型及规模不同，所填写的企业所得税年度纳税申报表附表也有不同，企业根据自身实际情况填写即可。

表 10-6 中华人民共和国企业所得税年度纳税申报表（A 类）

行次	类别	项目	金额
1	利润总额计算	一、营业收入（填写 A101010\101020\103000）	
2		减：营业成本（填写 A102010\102020\103000）	
3		减：税金及附加	
4		减：销售费用（填写 A104000）	
5		减：管理费用（填写 A104000）	
6		减：财务费用（填写 A104000）	
7		减：资产减值损失	
8		加：公允价值变动收益	
9		加：投资收益	
10		二、营业利润（1-2-3-4-5-6-7+8+9）	
11		加：营业外收入（填写 A101010/101020/103000）	
12		减：营业外支出（填写 A102010/102020/103000）	
13		三、利润总额（10+11-12）	
14	应纳税所得额计算	减：境外所得（填写 A108010）	
15		加：纳税调整增加额（填写 A105000）	
16		减：纳税调整减少额（填写 A105000）	
17		减：免税、减计收入及加计扣除（填写 A107010）	
18		加：境外应税所得抵减境内亏损（填写 A108000）	
19		四、纳税调整后所得（13-14+15-16-17+18）	
20		减：所得减免（填写 A107020）	
21		减：弥补以前年度亏损（填写 A106000）	
22		减：抵扣应纳税所得额（填写 A107030）	
23		五、应纳税所得额（19-20-21-22）	
24		税率（25%）	25%
25		六、应纳所得税额（23×24）	
26		减：减免所得税额（填写 A107040）	

行次	类别	项目	金额
27	应纳税所得额计算	减：抵免所得税额（填写 A107050）	
28		七、应纳税额（25-26-27）	
29		加：境外所得应纳所得税额（填写 A108000）	
30		减：境外所得抵免所得税额（填写 A108000）	
31		八、实际应纳所得税额（28+29-30）	
32		减：本年累计实际已缴纳的所得税额	
33		九、本年应补（退）所得税额（31-32）	
34		其中：总机构分摊本年应补（退）所得税额（填写 A109000）	
35		财政集中分配本年应补（退）所得税额（填写 A109000）	
36		总机构主体生产经营部门分摊本年应补（退）所得税额（填写 A109000）	

第三节　消费税纳税申报

一、消费税的征收管理要求

《消费税暂行条例实施细则》对消费税的征收管理做出如下规定：

（一）纳税义务发生时间

（1）纳税人销售应税消费品的，按不同的销售结算方式，其纳税义务发生时间分别为：

①采用赊销和分期收款结算方式的，为书面合同约定的收款日期的当日，书面合同没有约定收款日期或者无书面合同的，为发出应税消费品的当日。

②采用预收货款结算方式的，为发出应税消费品的当日。

③采用托收承付和委托银行收款方式的，为发出应税消费品并办妥托收手续的当日。

④采用其他结算方式的，为收讫销售款或者取得索取销售款凭据的当日。

（2）纳税人自产自用应税消费品的，为移送使用的当日。

（3）纳税人委托加工应税消费品的，为纳税人提货的当日。

（4）纳税人进口应税消费品的，为报关进口的当日。

（二）纳税期限

消费税的纳税期限分别为1日、3日、5日、10日、15日、1个月或者1个季度。纳税人的具体纳税期限，由主管税务机关根据纳税人应纳税额的大小分别核定；不能按照固定期限纳税的，可以按次纳税。

纳税人以1个月或者1个季度为1个纳税期的，从期满之日起15日内申报纳税；以1日、3日、5日、10日或者15日为1个纳税期的，从期满之日起5日内预缴税款，于次月1日起15日内申报纳税并结清上月应纳税款。

纳税人进口应税消费品，应当从海关填发海关进口消费税专用缴款书之日起15日内缴纳税款。

（三）纳税义务发生地点

（1）纳税人销售应税消费品及自产自用应税消费品，除国家另有规定外，应当向纳税人机构所在地或者居住地的主管税务机关申报纳税。

（2）纳税人到外县（市）销售或者委托外县（市）代销自产应税消费品的，于应税消费品销售后，向机构所在地或者居住地主管税务机关申报纳税。

（3）纳税人的总机构与分支机构不在同一县（市）的，应当分别向各自机构所在地的主管税务机关申报纳税；经财政部、国家税务总局或者其授权的财政、税务机关批准，可以由总机构汇总向总机构所在地的主管税务机关申报纳税。

（4）委托个人加工的应税消费品，由委托方向其机构所在地或者居住地主管税务机关申报纳税。除此之外，由受托方向所在地主管税务机关代收代缴消费税税款。

（5）进口的应税消费品，由进口人或者其代理人向报关地海关申报纳税。

（6）出口的应税消费品办理退税后，发生的退关或者国外退货，进口时予以免税的，报关出口者必须及时向其机构所在地或者居住地主管税务机关申报补缴已退的消费税税款。

（7）纳税人销售应税消费品，如果因质量等原因由购买者退回时，经机构所在地或者居住地主管税务机关审核批准后，可退还已缴纳的消费税税款。

二、消费税的纳税申报实务

以缴纳烟类应税消费品为例，纳税人纳税申报时应填制"烟类应税消费品消费税纳税申报表"（见表10-7）、"本期准予扣除税额计算表"（见表10-8）。

表 10-7　烟类应税消费品消费税纳税申报表

税款所属期：　　年　月　日至　　年　月　日

纳税人名称（公章）：

纳税人识别号：

填表日期：　　年　月　日

单位：卷烟万支、雪茄烟支、烟丝千克　　金额　　单位：元（列至角分）

应税消费品名称	适用税率		项目		
	定额税率	比例税率	销售数量	销售额	应纳税额
卷烟	30元/万支	56%			
卷烟	30元/万支	36%			
雪茄烟	—	36%			
烟丝	—	30%			
合计	—	—	—	—	

本期准予扣除税额：	声明 此纳税申报表是根据国家税收法律的规定填报的，我确定它是真实的、可靠的、完整的。
本期减（免）税额：	
期初未缴税额：	经办人（签章）： 财务负责人（签章）： 联系电话：

续表

本期缴纳前期应纳税额：	（如果你已委托代理人申报，请填写） 授权声明
本期预缴税额：	为代理一切税务事宜，现授权
本期应补（退）税额：	_____（地址）_____为 本纳税人的代理申报人，任何与本申 报表有关的往来文件，都可寄予此人。
期末未缴税额：	授权人签章：

以下由税务机关填写

受理人（签章）：

受理税务机关（章）：

受理日期：　　年　月　日

表 10-8　本期准予扣除税额计算表（烟）

税款所属期：　　年　月　日至　　年　月　日

纳税人名称（公章）：

纳税人识别号：

填表日期：　　年　月　日

金额　　　　　　　　　　　　　　　　　　单位：元（列至角分）

一、当期准予扣除的委托加工烟丝已纳税款计算
1. 期初库存委托加工烟丝已纳税款：
2. 当期收回委托加工烟丝已纳税款：
3. 期末库存委托加工烟丝已纳税款：
4. 当期准予扣除的委托加工烟丝已纳税款：
二、当期准予扣除的外购烟丝已纳税款计算
1. 期初库存外购烟丝买价：
2. 当期购进烟丝买价：
3. 期末库存外购烟丝买价：
4. 当期准予扣除的外购烟丝已纳税款：
三、本期准予扣除税款合计

第四节 其他税种的纳税申报

一、关税的纳税申报

《中华人民共和国海关法》和《中华人民共和国进出口关税条例》对关税的纳税申报做出如下规定：

（一）进出口货物的报关

1. 报关时间

进口货物的纳税人应当从运输工具申报进境之日起14日内，向货物的进境地海关申报，如实填写海关进口货物报关单，并提交进口货物的发票、装箱清单、进口货物的提货单或运单、关税免税或免予查验的证明文件等。

出口货物的发货人除海关特准外，应当在装货的24小时以前，填报出口货物报关单，交验出口许可证和其他证件，申报出口，由海关放行，否则货物不得离境出口。

2. 报关应提交的相关材料

进出口货物时应当提交以下材料：

①进出口货物报关单；②合同；③发票；④装箱清单；⑤载货清单（舱单）；⑥提（运）单；⑦代理报关授权委托协议；⑧进出口许可证件；⑨海关要求的加工贸易手册（纸质或电子数据的）及其他进出口有关单证。

（二）关税的申报与缴纳

1. 关税的纳税申报

进口货物从运输工具申报进境之日起14日内，出口货物在货物运抵海关监管区后装货的24小时以前，应由进出口货物的纳税义务人向货物进（出）境地海关申报，海关根据税则归类和完税价格计算应缴纳的关税和进口环节代征税款，并填发税款缴款书，如表10-9所示。

表 10-9 关税专用缴款书

海关进（出）口关税专用缴款书

收入系统：海关系统　　　　　　　　填发日期：　　年　月　日

收款单位	收入机关		中央金库			缴款单位（人）	名称	
	科目		预算级次				账号	
	收款国库						开户银行	
税号	货物名称		数量		单位	完税价格（￥）	税率 %	税款金额（￥）
金额人民币（大写）　万　仟　佰　拾　元　角　分							合计（￥）	
申请单位编号			报关单编号			填制单位		收款国库（银行）
合同（批文）号			运输工具（号）			制单人		
缴款期限			提 / 装货单号			复核人		业务公章
注	一般征税							
	国际代码					单位专用章		

从填发缴款书之日起限15日内缴纳（期末遇法定节假日顺延），逾期按日加收税款总额千分之五的滞纳金。

2. 关税的缴纳

纳税义务人应当从海关填发税款缴款书之日起15日内，向指定银行缴纳税款。纳税义务人因不可抗力或者在国家税收政策调整的情形下，不能按期缴纳税款的，经海关总署批准，可以延期缴纳税款，但最长不得超过6个月。

（三）关税的强制执行

1. 征收关税滞纳金

滞纳金从关税缴纳期限届满滞纳之日起，至纳税义务人缴纳关税之日止，按滞纳税款额万分之五的比例按日征收，周末或法定节假日不予扣除。具体计算公式为：

关税滞纳金金额=滞纳关税税额×滞纳金征收比率×滞纳天数

2. 强制征收

如果纳税义务人从海关填发缴款书之日起3个月内仍未缴纳税款，经海关关长批准，海关可以采取强制扣缴、变价抵缴等强制措施。强制扣缴，即海关从纳税义务人在开户银行或者其他金融机构的存款中直接扣缴税款；变价抵缴，即海关将应税货物依法变卖，以变卖所得抵缴税款。

（四）关税的退还

关税的退还是关税纳税义务人按海关核定的税额缴纳关税后，因某种原因，海关将实际征收多于应当征收的税额（称为溢征关税）退还给原纳税义务人的一种行政行为。对于溢征关税，海关发现的应立即退还；纳税人发现的，申请退税时限为缴纳税款之日起1年内，并加算银行同期存款利息。

（五）关税的补征和追征

关税的补征和追征是海关在纳税义务人按海关核定的税额缴纳关税后，发现实际征收税额少于应征税额（称为短征关税）时，责令纳税义务人补缴所差税款的一种行政行为，具体如表10-10所示。

表 10-10　关税的补征和追征

情况	关税规定
补征	海关发现的，自缴纳税款或货物放行之日起 1 年内补征
追征	海关发现的，在 3 年内追征，按日加收万分之五的滞纳金

二、城市维护建设税的纳税申报

《中华人民共和国城市维护建设税暂行条例》对城市维护建设税的纳税申报做出如下规定：

（一）城市维护建设税的纳税环节

城市维护建设税的纳税环节，实际上就是纳税人缴纳"两税"的环节。纳税人只要发生"两税"的纳税义务，就要在同样的环节计算缴纳城市维护建设税。

（二）城市维护建设税的纳税地点

城市维护建设税以纳税人实际缴纳的增值税和消费税税额为计税依据，分别与"两税"同时缴纳。因此，纳税人缴纳"两税"的地点就是该纳税人缴纳城市维护建设税的地点。一些特殊情况除外。

（三）城市维护建设税的纳税期限

由于城市维护建设税是由纳税人在缴纳"两税"时同时缴纳的，因此其纳税期限分别与"两税"的纳税期限一致。

（四）城市维护建设税的纳税申报实务

纳税人对城市维护建设税进行纳税申报时，应填报"城市维护建设税、教育费附加、地方教育附加申报表"。

三、教育费附加和地方教育附加的申报

《征收教育费附加的暂行规定》中对教育费附加和地方教育附加的申报做出如下规定：

（一）教育费附加和地方教育附加的征税环节、征税地点、征税期限

教育费附加和地方教育附加的征税环节、征税地点、征税期限同城市维护建设税。

（二）教育费附加和地方教育附加的申报实务

纳税人对教育费附加和地方教育附加进行申报时，应填报"城市维护建设税、教育费附加、地方教育附加申报表"，如表10-11所示。

表10-11 城市维护建设税、教育费附加、地方教育附加申报表

税款所属期限：自 年 月 日 至 年 月 日

纳税人识别号（统一社会信用代码）：

纳税人名称：

金额单位：人民币元（列至角分）

本期是否适用增值税小规模纳税人减征政策 □是 □否

（减免性质代码_城市维护建设税：07049901，减免性质代码_教育费附加：61049901，减免性质代码_地方教育附加：99049901）

减征比例_城市维护建设税（%）

减征比例_教育费附加（%）

减征比例_地方教育附加（%）

税（费）种	计税（费）依据					税率（征收率）	本期应纳税（费）额	本期减免税（费）额		本期增值税小规模纳税人减征额	本期已缴税（费）额	本期应补（退）税（费）额
	增值税		消费税	营业税	合计			减免性质代码	减免税（费）额			
	一般增值税	免抵税额										
	1	2	3	4	5=1+2+3+4	6	7=5×6	8	9	10	11	12=7-9-10-11
城建税												
教育费附加												
地方教育附加												
—						—						
合计												

谨声明：本纳税申报表是根据国家税收法律法规及相关规定填报的，是真实的、可靠的、完整的。

纳税人（签章）： 年 月 日

经办人：
经办人身份证号：
代理机构签章
代理机构统一社会信用代码：

受理人：
受理税务机关（章）：
受理日期： 年 月 日

四、土地增值税的纳税申报

《中华人民共和国土地增值税暂行条例》对土地增值税的纳税申报做出以下规定：

（一）土地增值税的纳税期限

土地增值税的纳税人应在转让房地产合同签订后的7日内，到房地产所在地主管税务机关办理纳税申报，并向税务机关提交房屋及建筑物产权、土地使用权证书、土地转让房产买卖合同、房地产评估报告及其他与转让房地产有关的资料。纳税人因经常发生房地产转让而难以在每次转让后申报的，经税务机关审核同意后，可以定期进行纳税申报，具体期限由税务机关根据情况确定。

（二）土地增值税的纳税地点

土地增值税的纳税人应在房地产所在地主管税务机关办理纳税申报，并在税务机关核定的期限内缴纳土地增值税。

这里所说的"房地产所在地"，是指房地产的坐落地。纳税人转让的房地产坐落在两个或两个以上地区的，应按房地产所在地分别申报纳税。

在实际工作中，纳税地点的确定又可以分为以下两种情况。

1. 纳税人是法人的

当转让的房地产坐落地与其机构所在地或经营所在地一致时，在办理税务登记的原管辖税务机关申报纳税即可；如果转让的房地产坐落地与其机构所在地或经营所在地不一致时，则应在房地产坐落地所管辖的税务机关申报纳税。

2. 纳税人是自然人的

当转让的房地产坐落地与其居住所在地一致时，在住所所在地税务机关申报纳税；当转让的房地产坐落地与其居住所在地不一致时，在办理过户手续所在地的税务机关申报纳税。

（三）土地增值税的纳税申报实务

从事房地产开发的纳税人对土地增值税进行清算时，应填报"土地增值税纳税申报表"（从事房地产开发的纳税人清算适用）（见表10-12）。

表 10-12 土地增值税纳税申报表

（从事房地产开发的纳税人清算适用）

税款所属时间：　　年　月　日至　　年　月　日

填表日期：　　年　月　日　金额单位：元至角分　　面积单位：平方米

纳税人识别号														

纳税人名称		项目名称		项目编号		项目地址	
所属行业		登记注册类型		纳税人地址		邮政编码	
开户银行		银行账号		主管部门		电话	

总可售面积				自用和出租面积			
已售面积		其中：普通住宅已售面积		其中：非普通住宅已售面积		其中：其他类型房地产已售面积	

项目	行次	金额			
		普通住宅	非普通住宅	其他类型房地产	合计
一、转让房地产收入总额 1=2+3+4	1				
其中	货币收入	2				
	实物收入及其他收入	3				
	视同销售收入	4				
二、扣除项目金额合计 5=6+7+14+17+21+22	5				
1.取得土地使用权所支付的金额	6				
2.房地产开发成本 7=8+9+10+11+12+13	7				

续表

项目		行次	金额			
			普通住宅	非普通住宅	其他类型房地产	合计
其中	土地征用及拆迁补偿费	8				
	前期工程费	9				
	建筑安装工程费	10				
	基础设施费	11				
	公共配套设施费	12				
	开发间接费用	13				
3. 房地产开发费用 14=15+16		14				
其中	利息支出	15				
	其他房地产开发费用	16				
4. 与转让房地产有关的税金等 17=18+19+20		17				
其中	营业税	18				
	城市维护建设税	19				
	教育费附加	20				
5. 财政部规定的其他扣除项目		21				
6. 代收费用		22				
三、增值额 23=1-5		23				
四、增值额与扣除项目金额之比（%）24=23÷5		24				
五、适用税率（%）		25				

续表

项目		行次	金额			
			普通住宅	非普通住宅	其他类型房地产	合计
六、速算扣除系数（%）		26				
七、应缴土地增值税税额 27=23×25−5×26		27				
八、减免税额 28=30+32+34		28				
其中	减免税（1） 减免性质代码（1）	29				
	减免税额（1）	30				
	减免税（2） 减免性质代码（2）	31				
	减免税额（2）	32				
	减免税（3） 减免性质代码（3）	33				
	减免税额（3）	34				
九、已缴土地增值税税额		35				
十、应补（退）土地增值税税额 36=27−28−35		36				

以下由纳税人填写：

纳税人声明	此纳税申报表是根据《中华人民共和国土地增值税暂行条例》及其实施细则和国家有关税收规定填报的，是真实的、可靠的、完整的
纳税人签章	代理人签章	代理人身份证号

以下由税务机关填写：

受理人	受理日期	年 月 日	受理税务机关签章

五、车船税的纳税申报

《中华人民共和国车船税法》对车船税的纳税申报做出如下规定：

（一）车船税的纳税方式

（1）自行申报方式：纳税人自行向主管税务机关申报缴纳车船税。

（2）代收代缴方式：纳税人在办理机动车交通事故责任强制保险时由保险机构代收代缴车船税。

（二）车船税的纳税义务发生时间

（1）车船税纳税义务发生时间为取得车船所有权或管理权的当月。

纳税人在首次购买机动车交通事故责任强制保险时缴纳车船税或者自行申报缴纳车船税的，应当提供购车发票及反映排气量、整备质量、核定载客人数等与纳税相关的信息及其相应凭证。

购置的新车船，购置当年的应纳税额自纳税义务发生的当月起按月计算。应纳税额为年应纳税额除以12，再乘以应纳税月份数。

（2）在一个纳税年度内，已完税的车船被盗抢、报废、灭失的，纳税人可以凭有关管理机关出具的证明和完税证明，向纳税所在地的主管税务机关申请退还自被盗抢、报废、灭失月份起至该纳税年度终了期间的税款。

已办理退税的被盗抢车船，失而复得的，纳税人应当自公安机关出具相关证明的当月起计算缴纳车船税。

已经缴纳车船税的车船，因质量原因，车船被退回生产企业或者经销商的，纳税人可以向纳税所在地的主管税务机关申请退还从退货月份起至该纳税年度终了期间的税款。退货月份以退货发票所载日期的当月为准。

保险机构作为车船税扣缴义务人，在代收车船税并开具增值税发票时，应在增值税发票备注栏中注明代收车船税税款信息，具体包括：保险单号、税款所属期（详细至月）、代收车船税金额、滞纳金金额、金额合计等。该增值税发票可作为纳税人缴纳车船税及滞纳金的会计核算原始凭证。车船税已经由保险机构代收代缴的，车辆登记地的主管税务机关不再征收该纳税年度的车船税。再次征收的，车辆登记地主管税务机关应予以退还。

（三）车船税的纳税期限

车船税是按年申报，分月计算，一次性缴纳。纳税年度从公历1月1日起至12月31日止。具体申报纳税期限由各省、自治区、直辖市人民政府规定。但下列情形的纳税期限按规定执行：

（1）机动车辆在投保交强险时尚未缴纳当年度车船税的，应当在投保的同时向保险机构缴纳。

（2）新购置的机动车辆，应当在办理缴纳车辆购置税手续的同时缴纳。

（3）新购置的船舶，应当在取得船舶登记证书的当月缴纳；其他应税船舶，应当在办理船舶年度检验之前缴纳。

（4）在申请车船转籍、转让交易、报废时尚未缴纳当年度车船税的，应当在办理相关手续之前缴纳。

（5）已办理退税的被盗抢车船又找回的，纳税人应从公安机关出具相关证明的当月起计算缴纳车船税。

（四）车船税的纳税地点

纳税人自行向主管税务机关申报缴纳车船税的，纳税地点为车船登记地；依法不需要办理登记的车船，纳税地点为车船的所有人或者管理人的所在地。由保险机构代收代缴车船税的，纳税地点为保险机构所在地。需要注意的是，由于从事机动车交通事故责任强制保险业务的保险机构为机动车车船税扣缴义务人，因此，纳税人在办理机动车交通事故责任强制保险业务时，应当一并缴纳车船税；如果已经自行申报缴纳了车船税，应当提供机动车的完税证明。

（五）车船税的纳税申报实务

纳税人对车船税进行纳税申报时，应填报"车船税纳税申报表"，如表10-13所示。

表10-13 车船税纳税申报表

税款所属期限：自 年 月 日 至 年 月 日　　填表日期： 年 月 日　　金额单位：元至角分

纳税人识别号 □□□□□□□□□□□□□□□

纳税人名称						纳税人身份证照类型							
纳税人身份证照号码						居住（单位）地址							
联系人						联系方式							
序号	（车辆）号牌号码（车船、船舶）登记号码	车船识别代码（车架号、船舶识别号）	征收品目	计税单位	计税单位的数量	单位税额	年应缴税额	本年减免税额	减免性质代码	减免税证明号	当年应缴税额	本年已缴税额	本期年应补（退）税额
—	1	2	3	4	5	6	7=5×6	8	9	10	11=7-8	12	13=11-12
1													
2													
3													
合计	—	—	—	—	—	—		-	—	—			

申报车辆总数（辆）：　　　　　　　　　　　　申报船舶总数（艘）：

以下由申报人填写：

纳税人声明 此纳税申报表是根据《中华人民共和国车船税法》和国家有关税收规定填报的，是真实的、可靠的、完整的。

纳税人签章		代理人签章	代理人身份证号

以下由税务机关填写：

受理人	受理日期	受理税务机关（签章）

本表一式两份，一份纳税人留存，一份税务机关留存。

六、印花税的纳税申报

《中华人民共和国印花税暂行条例》对印花税的纳税申报做出如下规定：

（一）印花税的纳税方法

纳税人应当如实提供、妥善保存印花税应纳税凭证（以下简称应纳税凭证）等有关纳税资料，统一设置、登记和保管印花税应纳税凭证登记簿（以下简称登记簿），及时、准确、完整地记录应纳税凭证的书立、领受情况。登记簿的内容包括：应纳税凭证种类、应纳税凭证编号、凭证书立各方（或领受人）名称、书立（领受）时间、应纳税凭证金额、件数等。纳税人应按规定据实计算、缴纳印花税。根据税额大小、贴花次数以及税收征收管理的需要，印花税采用下列申报方法：

1. 自行贴花

所谓"自行贴花"，是指纳税人书立、领受或者使用应纳税凭证和经财政部确定征税的其他凭证时，即发生纳税义务，应当根据应纳税凭证的性质和对应的税目、税率，自行计算应纳税额，购买并一次贴足印花税票（以下简称贴花）并加以注销或划销，纳税义务才算全部履行完毕。该方法通常适用于应税凭证较少或者贴花次数较少的纳税人。对已贴花的凭证，修改后所记载金额增加的，其增加部分应当补贴印花税票。凡多贴印花税票者，不得申请退税或者抵用。

2. 汇贴或汇缴

该办法通常适用于应纳税额较大或者贴花次数频繁的纳税人。

一份凭证应纳税额超过500元的，纳税人可以采取将税收缴款书、完税证明的其中一联粘在凭证上或者由税务机关在凭证上加注完税标记代替贴花，这就是所谓的"汇贴"。

同一种类应纳税凭证，需频繁贴花的，可由纳税人根据实际情况自行决定是否采用按期汇总申报缴纳印花税的方式，这就是所谓的"汇缴"。汇总申报缴纳的期限不得超过一个月。采用按期汇总申报缴纳方式的，一年内不得改变。

3. 核定征收

税务机关可以根据《税收征收管理法》及相关规定核定纳税人应纳税额。实行核定征收印花税的，纳税期限为一个月，税额较小的，纳税期限可为一个季度，具体由主管税务机关确定。纳税人应当从纳税期满之日起15日内，填写国家税务总局统一编制的纳税申报表来申报缴纳核定征收的印花税。

4. 委托代征

税务机关根据印花税征收管理的需要，本着既加强源泉控管，又方便纳税人的原则，按照国家税务总局《关于发布〈委托代征管理办法〉的公告》（国家税务总局公告2013年第24号）的有关规定，可委托银行、保险、工商、房地产管理等有关部门，代征借款合同、财产保险合同、权利许可证照、产权转移书据、建设工程承包合同等的印花税。

（二）印花税的纳税地点

印花税通常实行就地纳税。对于全国性商品物资订货会（包括展销会、交易会等）上所签合同应缴纳的印花税，由纳税人回到其所在地后及时办理贴花完税手续；对地方主办、不涉及省际关系的订货会、展销会上所签合同的印花税，其纳税地点由各省、自治区、直辖市人民政府自行确定。

（三）印花税的纳税申报实务

纳税人对印花税进行纳税申报时，应填报印花税纳税申报（报告）表，其适用于中国境内各类印花税纳税人，能够对应税凭证当月申报与及时贴花完税的情况进行全面综合的反映，如表10-14所示。

表10-14 印花税纳税申报（报告）表

税款所属期限：自 年 月 日至 年 月 日

纳税人识别号（统一社会信用代码）：□□□□□□□□□□□□□□□□□□

纳税人名称：

本期是否适用增值税小规模纳税人减征政策（减免性质代码：09049901）： □是 □否

金额单位：人民币元（列至角分）

应税凭证	计税金额或件数	核定征收		适用税率	本期应纳税额	本期已缴税额	本期减免税额		本期增值税小规模纳税人减征征额	本期应补（退）税额
		核定依据	核定比例		5＝1×4+2×3×4		减免性质代码	减免税额		10＝5-6-8-9
	1	2	3	4	5	6	7	8	9	
购销合同				0.3‰						
加工承揽合同				0.5‰						
建设工程勘察设计合同				0.5‰						
建筑安装工程承包合同				0.3‰						
财产租赁合同				1‰						
货物运输合同				0.5‰						
仓储保管合同				1‰						
借款合同				0.05‰						
财产保险合同				1‰						
技术合同				0.3‰						
产权转移书据				0.5‰						
营业账簿（记载资金的账簿）				0.5‰						
营业账簿（其他账簿）		一	一	5				一		
权利、许可证照		一	一	5						
合计	一	一	一	一						

谨声明：本纳税申报表是根据国家税收法律法规及相关规定填报的，是真实的、可靠的、完整的。

纳税人（签章）： 年 月 日

经办人：
经办人身份证号：
代理机构签章：
代理机构统一社会信用代码：

受理人：
受理税务机关（章）：
受理日期： 年 月 日

七、契税的纳税申报

《中华人民共和国契税暂行条例》对契税的纳税申报做出如下规定：

（一）契税的纳税义务发生时间

契税的纳税环节是纳税人签订土地、房屋权属转移合同的当日，或是纳税人取得其他具有土地、房屋权属转移合同性质凭证的当日。

（二）契税的纳税期限

纳税人应当从纳税义务发生之日起10日内，向土地、房屋所在地的税务机关办理纳税申报，并在税务机关核定的期限内缴纳税款。

（三）契税的纳税地点

契税实行属地征收管理。纳税人发生契税纳税义务时，应向土地、房屋所在地的税务机关申报纳税。

（四）契税的纳税申报实务

纳税人对契税进行纳税申报时，应填报"契税纳税申报表"，如表10-15所示。

表 10-15　契税纳税申报表

填表日期：　　年　月　日　金额单位：元至角分　　　面积单位：平方米

纳税人识别号：□□□□□□□□□□□□□□□□□□□□□□□□

承受方信息	名　称		□单位□个人	
	登记注册类型		所属行业	
	身份证件类型	身份证□护照□其他□	身份证件号码	
	联系人		联系方式	
转让方信息	名　称		□单位□个人	
	纳税人识别号		登记注册类型	所属行业
	身份证件类型		身份证件号码	联系方式

续表

土地房屋权属转移信息	合同签订日期		土地房屋坐落地址		权属转移对象	设立下拉列框 ★
	权属转移方式		用途		家庭唯一普通住房	□ 90平方米以上 □ 90平方米及以下
	权属转移面积		成交价格		成交单价	
税款征收信息	评估价格		计税价格		税率	
	计征税额		减免性质代码	减免税额	应纳税额	

以下由纳税人填写：

纳税人声明	此纳税申报表是根据《中华人民共和国契税暂行条例》和国家有关税收规定填报的，是真实的、可靠的、完整的。		
纳税人签章		代理人签章	代理人身份证号	

以下由税务机关填写：

受理人		受理日期	年　月　日	受理税务机关签章

本表一式两份，一份纳税人留存，一份税务机关留存。

八、环境保护税的纳税申报

《中华人民共和国环境保护税法》对环境保护税的纳税申报做出如下规定：

（一）环境保护税的纳税义务发生时间

环境保护税的纳税义务发生时间为纳税人排放应税污染物的当日。

（二）环境保护税的纳税期限

环境保护税按月计算，按季申报缴纳。不能按固定期限计算缴纳的，可以按次申报缴纳。

纳税人申报缴纳时，应当向税务机关报送所排放应税污染物的种类、数量，大气污染物、水污染物的浓度值以及税务机关根据实际需要要求纳税人报送的其他纳税资料。

纳税人按季申报缴纳的，应当从季度终了之日起15日内，向税务机关办理纳税申报并缴纳税款。纳税人按次申报缴纳的，应当从纳税义务发生之日起15日内，向税务机关办理纳税申报并缴纳税款。

（三）环境保护税的纳税地点

环境保护税的纳税人应当向应税污染物排放地的税务机关申报缴纳环境保护税。应税污染物排放地是指：①应税大气污染物、水污染物排放口所在地；②应税固体废物产生地；③应税噪声产生地。

（四）环境保护税的纳税申报实务

纳税人对环境保护税进行纳税申报时，应当填报"环境保护税纳税申报表"及"环境保护税纳税申报计算表"（大气污染物适用），如表10-16及表10-17所示。"环境保护税纳税申报表"分为A类与B类。A类申报表包括1张主表和5张附表，适用于通过自动监测、监测机构监测、排污系数和物料衡算法计算污染物排放量的纳税人，享受减免税优惠的纳税人还需要填报减免税相关附表进行申报。B类申报表适用于除A类申报表之外的其他纳税人，包括按次申报的纳税人。

表 10-16 环境保护税纳税申报表（A 类）

税款所属期：自 年 月 日 至 年 月 日　　填表日期： 年 月 日　　金额单位：元至角分

★纳税人名称

★统一社会信用代码（纳税人识别号）　（公章）

税源编号	★排放口名称或噪声源名称	★税目	★污染物名称	★计税依据或超标噪声综合系数	★单位税额	本期应纳税额	本期减免税额	★本期已缴税额	★本期应补（退）税额
(1)	(2)	(3)	(4)	(5)	(6)	(7)＝(5)×(6)	(8)	(9)	(10)＝(7)-(8)-(9)
合计	—	—	—	—	—				

授权声明　如果你已委托代理人申报，请填写下列资料：
为代理一切税务事宜，现授权＿＿＿＿＿＿（地址）＿＿＿＿＿＿（统一社会信用代码）为本纳税人的代理申报人，任何与本申报表有关的往来文件，都可寄予此人。
授权人签字：

★申报人声明　本纳税申报表是根据国家税收法律法规及相关规定填写的，是真实的、可靠的、完整的。
声明人签字：

经办人：　　主管税务机关：　　受理人：　　受理日期： 年 月 日

本表一式两份，一份纳税人留存，一份税务机关留存。

表 10-17 环境保护纳税纳税申报计算表

（大气污染物适用）

税款所属期：自 年 月 日 至 年 月 日

纳税人名称： 统一社会信用代码（纳税人识别号）：□□□□□□□□□□□□□□□□□□

*月份 (1)	*税源编号 (2)	*排放口名称 (3)	*污染物名称 (4)	*污染物排放量计算方法 (5)	监测计算		排污系数计算				*污染物排放量（千克）	*污染当量值（千克）	*污染当量数
					废气排放量（万标立方米）(6)	实测浓度值（毫克/标立方米）(7)	计算基数 (8)	产污系数 (9)	排污系数 (10)	污染物单位 (11)	$(12)=(6)\times(7)\div100$ $(12)=(8)\times(9)\times N$ $(12)=(8)\times(10)\times N$	(13)	$(14)=(12)\div(13)$
—													
—													
—													
—													
—													
—													
—													

第十一章

会计的得力助手——Excel软件

　　会计人员每天需要面对大量数据和信息，Excel作为数据处理的强大通用工具，可以帮助会计人员大大减少工作量，提升工作效率。本章依次介绍Excel在会计凭证、账簿、财务报表编制中的应用，以及利用Excel进行报表分析，详细介绍了利用Excel解决财务与会计实务中的一些实际问题的方法和步骤。即使你是零基础的会计人员，也可以快速利用Excel解决一些简单的问题。

第一节　Excel在会计中的应用

一、建立会计科目表

在利用Excel进行会计账务处理时，首先要建立会计科目表。建立会计科目表时，需要在Excel电子表格中输入数据。数据输入有两种类型：一种是将数据直接输入相应的单元格中，另一种是将数据输入"记录单"中。将数据输入记录单，会使新建、删除和查找会计科目变得很容易。本节将介绍如何使用记录单来建立会计科目表。建立会计科目表的步骤如下：

（1）打开Excel工作表，在其中单击A1单元格，输入"ABC有限公司会计科目表"，如图11-1所示。

图 11-1　建立 Excel 工作表并命名

（2）选择A2和B2单元格，分别输入公司名称"科目编号"和"科目名称"，如图11-2所示。

（3）将光标移至列标A和B中间，当光标变成➡️时，单击并拖动，将A列单元格调整成所需的宽度。

（4）将光标移至列标B和C之间，当光标变成➡️时，单击并拖动，将B列单元格调整成所需的宽度。

（5）将光标移至A2单元格，单击并拖动至B2单元格，选定A2：B2的区域，如图11-3所示。

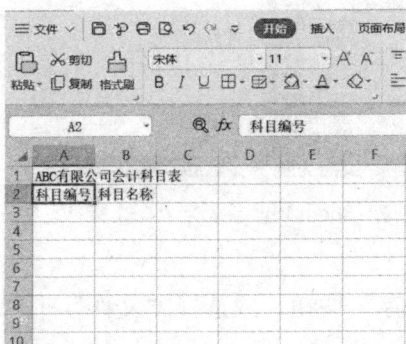

图 11-2 输入"科目编号"和"科目名称"   图 11-3 选定区域

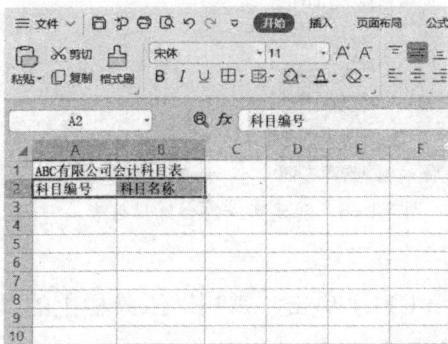

（6）选择"数据"|"记录单"命令，打开Sheet1对话框记录单，如图11-4所示。

（7）在"科目编号"和"科目名称"文本框中分别输入"1000"和"资产类"，然后单击"新建"按钮，如图11-5所示。

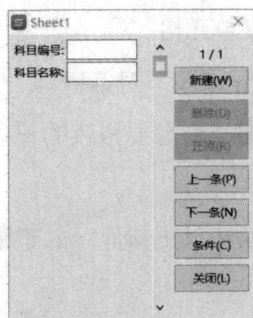

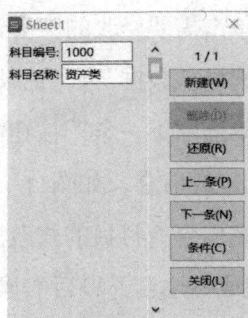

图 11-4 创建记录单   图 11-5 在记录单中输入数据

（8）完成记录添加后，单击“关闭”按钮完成会计科目的添加，形成的会计科目表如图11-6所示。

（9）将鼠标移至Sheet1的工作表标签处右击，在弹出的快捷菜单中选择“重命名”命令。

（10）将工作表1命名为“会计科目表”，如图11-7所示。

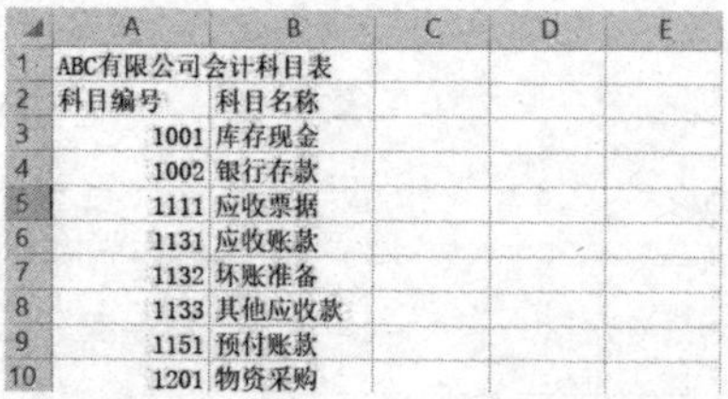

	A	B	C	D	E
1	ABC有限公司会计科目表				
2	科目编号	科目名称			
3	1001	库存现金			
4	1002	银行存款			
5	1111	应收票据			
6	1131	应收账款			
7	1132	坏账准备			
8	1133	其他应收款			
9	1151	预付账款			
10	1201	物资采购			

图 11-6　创建完成的会计科目表

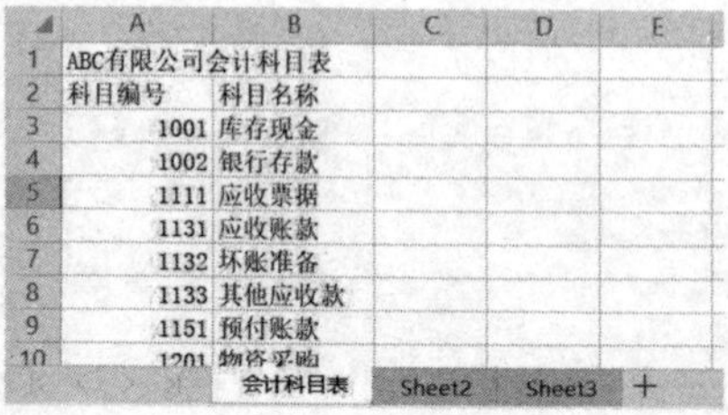

	A	B	C	D	E
1	ABC有限公司会计科目表				
2	科目编号	科目名称			
3	1001	库存现金			
4	1002	银行存款			
5	1111	应收票据			
6	1131	应收账款			
7	1132	坏账准备			
8	1133	其他应收款			
9	1151	预付账款			
10	1201	物资采购			

图 11-7　Sheet1 重命名为“会计科目表”

（11）单击“常用”工具栏上的“保存”按钮，或选择“文件”|“保存”命令完成保存任务。

二、修改和删除会计科目

公司设置的会计科目应保持相对稳定，但不是一成不变的，应根据不断变化的经济环境和本单位业务发展的需要，对已使用的会计科目进行相应的修改、补充或删除。具体步骤如下：

（1）打开已创建完成的“会计科目表”。

（2）单击需要修改的“会计科目表”中的任一单元格。

（3）选择“数据”|“记录单”命令，弹出“记录单”对话框。

（4）单击“下一条”按钮或者“上一条”按钮找到需要修改的记录，在记录中修改相应的信息，如图11-8所示。

（5）完成会计科目的修改后，单击“关闭”按钮以更新显示的记录并关闭记录单，完成修改会计科目的操作。

三、美化会计科目表

会计科目表创建完成后，需要对会计科目表进行颜色填充和字体设置。具体步骤如下：

（1）打开"会计科目表"工作表。

（2）选取整张工作表。

（3）单击"常用"工具栏的"填充颜色"下拉菜单按钮，在调色板上选择"淡蓝"选项，如图11-9所示。单击后，整张会计科目表就变为了淡蓝色。

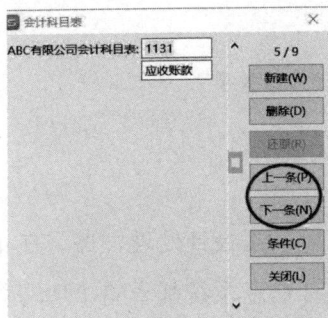

图 11-8 打开"记录单"

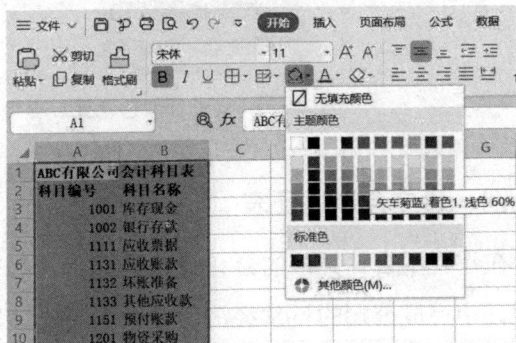

图 11-9 为表格填充颜色

（4）选择A3：B3单元格，按住Ctrl键，继续选取A5：B5单元格及A7：B7单元格。释放Ctrl键，此时共有6个单元格被选中。

（5）单击"填充颜色"下拉菜单按钮，在调色板上选择"深蓝"选项，可以看到表格中行与行之间颜色分明，显得格外清晰，如图11-10所示。

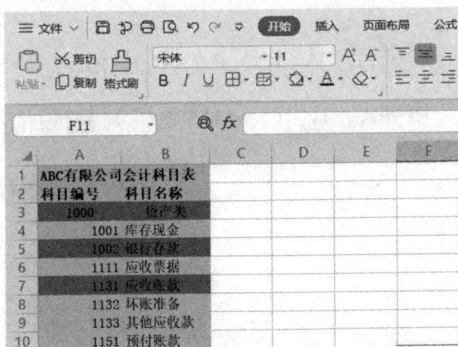

图 11-10 进行颜色设置后的会计科目表

（6）选择A3：B8单元格，单击“格式刷”按钮。按住鼠标拖动选取A9：B57单元格。释放鼠标，一张行间色彩分明的会计科目表生成，如图11-11所示。

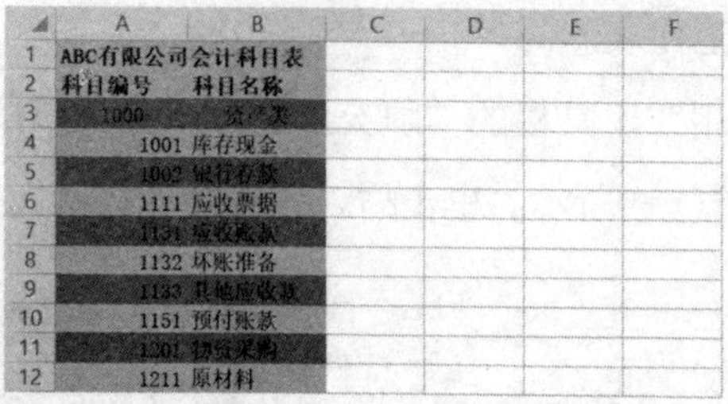

	A	B	C	D	E	F
1	ABC有限公司会计科目表					
2	科目编号	科目名称				
3	1000	资产类				
4	1001	库存现金				
5	1002	银行存款				
6	1111	应收票据				
7	1131	应收账款				
8	1132	坏账准备				
9	1133	其他应收款				
10	1151	预付账款				
11	1201	物资采购				
12	1211	原材料				

图 11-11　进行颜色设置后会计科目表最终效果

四、建立会计凭证表

在建立了会计凭证的会计科目表之后，必须按照手工会计处理程序，在记账凭证中完成公司的日常经济活动，但是大多数会计信息系统都省略了填写凭证的环节，仅在界面操作中看起来像是填写凭证，但实际上是利用表单功能建立数据库。建立会计凭证表的步骤如下：

（1）打开“工作表.xls”工作簿，将“Sheet2”工作表命名为“会计凭证表”。

（2）选择A1：J1单元格，单击“合并居中”按钮。

（3）选择合并后单元格，输入“ABC有限公司会计凭证表”，并单击“加粗”按钮。

（4）将光标移至“列标”A和B、B和C、C和D、D和E中间，当光标变成↔时，单击并拖动，将列A、B、C、D单元格调整成所需的宽度，如图11-12所示。

图 11-12　完成列宽调整的会计凭证表

（5）在A2至J2单元格中分别依次输入"年、月、日、序号、凭证号码、摘要、科目代号、科目名称、借方金额、贷方金额"，如图11-13所示。

图 11-13　输入表头

（6）选取表头行，单击三按钮，执行"居中"命令，使单元格内容居中，如图11-14所示。

图 11-14　居中设置表头

（7）选取I3∶J100单元格并右击，在弹出的快捷菜单中选择"设置单元格格式"选项，如图11-15所示。

（8）在弹出的对话框中打开"数字"选项卡，选择"会计专用"选项，在"小数位数"文本框中输入"2"，单击"确定"按钮，如图11-16所示，数字格式设置完成。

图 11-15　选择"设置单元格格式"选项

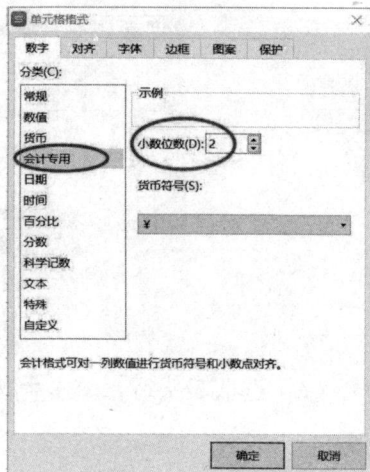

图 11-16　设置数字格式

五、自动生成会计凭证编号

在使用会计凭证记录经济交易时，应为每笔交易进行编号，以方便查找和后续核对。当使用Excel进行会计凭证表的编号时，可以使用CONCATENATE()函数中的"年+月+日+天的序列号"自动生成会计凭证编号。

（1）打开"工作表.xls"工作簿的"会计凭证表"。

（2）选取A：D列并右击，在弹出的快捷菜单中选择"设置单元格格式"选项。

（3）在弹出的对话框中打开"数字"选项卡，选择"文本"选项，单击"确定"按钮。

（4）选取E3单元格，单击"求和"按钮，执行"粘贴函数"命令。

（5）在"函数分类"中选择"文本"类别函数。在"函数名"列表中选择CONCATENATE()函数，单击"确定"按钮。

（6）在CONCATENATE()函数中输入公式"=CONCATENATE（A3，B3，C3，D3）"，即在"函数参数"界面输入"年、月、日、序号"，单击"确定"按钮，得到所需要的格式。

（7）选择E3单元格并右击，从弹出的快捷菜单中选择"复制"选项。

（8）选择E4:E30单元格并右击，从弹出的快捷菜单中选择"粘贴"选项。这样，E4:E30套用E3的函数。

六、自动显示会计科目

进入企业经济业务记录工作之后，记录完成业务发生的时间，再使用"会计科目"来记录企业的经济活动。为了节省输入经济活动时的时间，可以使用VLOOKUP()函数自动显示会计科目。

第二节 Excel在会计账簿中的应用

企业的日记账可以分为现金日记账、银行存款日记账两种，因二者的Excel应用原理类似，故本节主要介绍Excel在现金日记账方面的应用。

现金日记账是一种特殊的日记账，它是出纳人员根据现金收、付款记账凭证以及银行付款凭证逐日逐笔按顺序进行记录并反映现金流量变动的日记账。每次交易后，必须计算余额。每日收付款项一一记录后，应分别计算现金收支总额和账面余额，并对照实际库存现金进行核对。企业每日的现金收入、支出和结存最终将构成企业现金日记账。

一、现金日记账的设置

（1）创建"现金日记账"工作表。

（2）在B2单元格中输入"现金日记账"，选取B2：I2单元格区域，单击"合并后居中"按钮，将"字体"设置为"宋体"，将"字号"设置为"16"，将"下划线"设置为"双下划线"，将"颜色"设置为"绿色"，如图11-17所示。

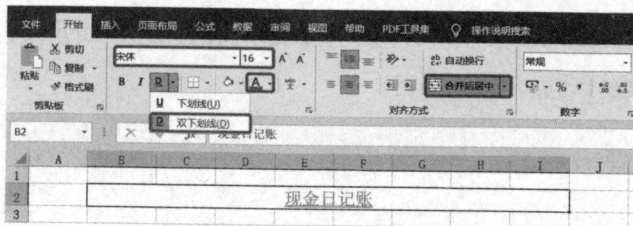

图11-17 设置现金日记账

（3）在B3单元格中输入公式"=YEAR（TODAY（））&"年""，用于自动显示年份。选择B3：C3单元格，单击"合并后居中"按钮。

（4）在B4、C4、D4、E4、F4、G4、H4、I4单元格中分别输入"月""日""凭证编码""类别""摘要""借方""贷方"和"余额"。

（5）分别选择D3：D4、E3：E4、F3：F4、G3：G4、H3：H4、I3：I4单元格区域，单击"合并后居中"按钮，结果如图11-18所示。

图11-18　现金日记账表头

（6）选中第3、4行并右击，在弹出的快捷菜单中选择"设置单元格格式"选项，打开"单元格格式"对话框，单击"对齐"选项卡，设置"水平对齐""垂直对齐"后，切换至"字体"选项卡，将"字号"设置为"12"，将"颜色"设置为"绿色"。

（7）选择B3：I4单元格区域，单击"边框"选项卡，设置"线条颜色"为"绿色"，设置"线条样式"为"粗实线"，单击下边框按钮，适当调整各列宽度，完成现金日记账的结构设计。

二、设置数据有效性

为了提高数据输入效率，可以为某些单元格设置数据有效性。下面描述现金日记账"类别"的列数据有效性设置。具体步骤如下：

（1）新建工作表"现金类别定义"。

（2）在A列输入如图11-19所示的文字。

（3）选择A1：A8单元格区域，单击"公式"｜"定义名称"（见图11-20），打开"新建名称"对话框，设置"范围名称"为"现金类别定义"，如图11-21所示。

图 11-19　输入文本

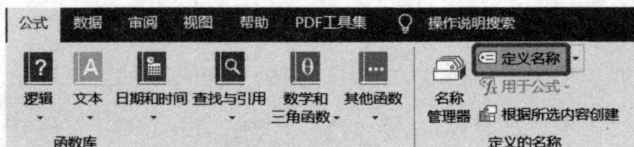

图 11-20　定义名称

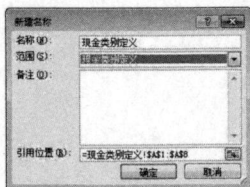

图 11-21　现金类别定义

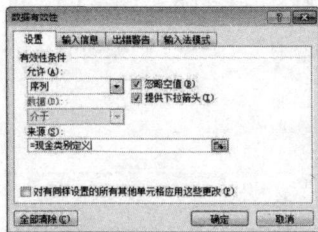

图 11-22　数据有效性设置

图 11-23　数据有效性

（4）返回到"现金日记账"工作表，选择"类别"所在的E列，在"数据"菜单中选择"有效性"选项打开"数据有效性"对话框，然后将"允许"设置为"序列"，在"来源"方本框中输入" =现金类别定义"，单击"确定"按钮，如图11-22所示。

（5）选择E5单元格，单击其右侧的下拉箭头选择相应的类别，如图11-23所示。设置"类别"列的有效性，既可以省去打字的麻烦，也可以有效避免录入错误。最后，也可以用同样的方法为"银行存款日记账"的"类别"设置有效性检查。

三、设置条件格式

可以为特定单元格设置醒目格式，以方便用户参考。具体步骤如下：

（1）在"现金日记账"工作表中选择F5单元格，执行菜单栏中的"条件格式"命令，打开"编辑格式规则"对话框，单击"格式"按钮，如图11-24所示。

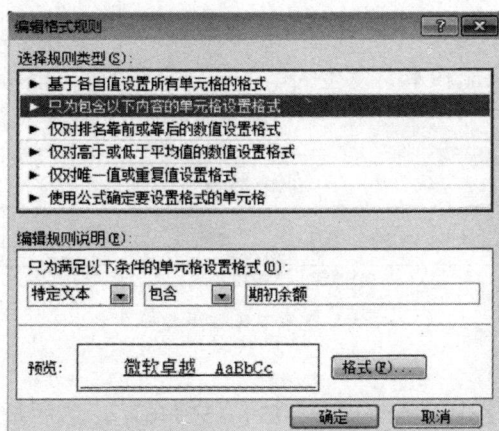

图 11-24 条件格式设置

（2）在打开的"单元格格式"对话框中，选择字体颜色为"红色"。

（3）选择"边框"选项卡，设置"线条样式"为"细实线"，设置"线条颜色"为"红色"，然后单击"下边框"按钮，单击"确定"按钮，关闭"单元格格式"对话框。

（4）单击常用工具栏上的"格式刷"按钮，然后选择要设置格式的B5：I70单元格区域。

在设置了上面的条件格式之后，在"摘要"列（F列）中输入"期初余额""本日合计"和"本月累计"时，字体颜色将自动设置为红色，并且该行的底部边框也变为红色，而其他位置保持不变，如图11-25所示。

图 11-25 设置后的现金日记账样表

四、余额自动计算

当每笔交易发生之后，应通过将以前的余额加到当前借方金额中并减去贷方金额来获得本次余额。

（1）输入期初余额和本月发生的第一笔现金业务，如图11-26所示。

B	C	D	E	F	G	H	I
				现金日记账			
2014							
月	日	凭证编码	类别	摘要	借方	贷方	余额
				期初余额			3000
1	5		营业款	收到营业款	50000		

图 11-26　现金日记账第一笔业务

（2）在I6单元格中输入公式"=I5+G6-H6"，然后按Enter键自动计算余额。

（3）复制公式到I7：I7单元格区域。

（4）通过IF函数在已经输入金额的行显示余额，否则就显示空白。具体操作为：在单元格I6中输入公式"=IF（AND（G6="",H6=""），"",IF（OR(F5={"本日合计","本月累计","本年累计"}），I4,I4+G5-H5))"，再把公式复制到I7：I70单元格区域，如图11-27所示。

				f_x =IF(AND(G6="",H6=""),"",IF(OR(F5={"本日合计","本月累计","本年累计"}),I4,I4+G5-H5))						
B	C	D	E	F	G	H	I	J	K
				现金日记账					
2014									
月	日	凭证编码	类别	摘要	借方	贷方	余额		
				期初余额			3000		
1	5		营业款	收到营业款	50000		53000		

图 11-27　自动计算余额

（5）依次输入当日发生的现金业务，形成现金日记账，如图11-28所示。

B	C	D	E	F	G	H	I
				现金日记账			
2014							
月	日	凭证编码	类别	摘要	借方	贷方	余额
				期初余额			3000
1	5		营业款	收到营业款	50000		53000
1	5		费用报销	市场部差旅费报销		500	52500
1	5		营业款	收回营业款	70000		122500
1	5		存款	存入银行		50000	72500
1	5		取款	银行取款发工资	40000		112500
1	5		个人还款			500	113000
1	5		发放工资			40000	73000

图 11-28　现金日记账

五、计算本日合计和本月累计

每日营业终了，需要计算当日的合计数和本月的累计数，其详细步骤
如下：

（1）在F12单元格中输入"本日合计"，在G12单元格中输入"=SUM
（G5：G11）"，并将公式复制到单元格H12，形成本日合计的结果，如图
11-29所示。

月	日	凭证编码	类别	摘要	借方	贷方	余额
2014				现金日记账			
				期初余额			3000
1	5		营业款	收到营业款	50000		53000
1	5		费用报销	市场部差旅费报销		500	52500
1	5		营业款	收回营业款	70000		122500
1	5		存款	存入银行		50000	72500
1	5		取款	银行取款发工资	40000		112500
1	5		个人还款			500	113000
1	5		发放工资			40000	73000
				本日合计	160500	90500	73000

图 11-29　本日合计

（2）在F13单元格中输入"本月累计"，在G13单元格中输入"=SUM
（G6：G12）"，并将公式复制到H13单元格中，形成本月累计的结果，如图
11-30所示。

月	日	凭证编码	类别	摘要	借方	贷方	余额
2014				现金日记账			
				期初余额			3000
1	5		营业款	收到营业款	50000		53000
1	5		费用报销	市场部差旅费报销		500	52500
1	5		营业款	收回营业款	70000		122500
1	5		存款	存入银行		50000	72500
1	5		取款	银行取款发工资	40000		112500
1	5		个人还款			500	113000
1	5		发放工资			40000	73000
				本日合计	160500	90500	73000
				本月累计	160500	90500	73000

图 11-30　本月累计

（3）选中I5单元格，输入公式"=IF（AND（G5="",H5=""）,"",IF（OR（F5={"本日合计","本月累计","本年累计"}）,I4,I4+G5−H5））"，并复制到I6：I70单元格区域，从而达到每一行都能正确显示余额的目的。

（4）依次输入当日发生的现金业务，形成现金日记账。

（5）在单元格F17中输入"本日合计"，在单元格G17中输入相应公式，并将公式复制到单元格H17，形成本日合计的结果。在单元格F18中输入"本月累计"，在单元格G18中输入相应公式，并将公式复制到单元格H18，形成本月累计的结果，如图11-31所示。

月	日	凭证编码	类别	摘要	借方	贷方	余额
				现金日记账			
2014							
				期初余额			3000
1	5		营业款	收到营业款	50000		53000
1	5		费用报销	市场部差旅费报销		500	52500
1	5		营业款	收回营业款	70000		122500
1	5		存款	存入银行		50000	72500
1	5		取款	银行取款发工资	40000		112500
1	5		个人还款		500		113000
1	5		发放工资			40000	73000
				本日合计	160500	90500	73000
				本月累计	160500	90500	73000
1	6		营业款		70000		143000
1	6		个人借款			6000	137000
1	6		费用报销			1000	136000
				本日合计	70000	7000	136000
				本月累计	70000	7000	136000

图 11-31　本日合计和本月累计

第三节　Excel在会计报表中的应用

有关会计报表的知识点和格式请参阅第七章，本章Excel举例个别用到2019年以前的财务报表格式。

一、Excel在资产负债表中的应用

（一）设置资产负债表格式

具体操作步骤如下：

（1）打开一个新的Excel工作表，并将"Sheet1"重命名为"资产负债表"。

（2）选中A1：H1单元格，单击"合并居中"按钮，在合并后的单元格中输入"资产负债表"，并单击"加粗"按钮 B。

（3）使用相同的方法输入表头，然后输入各资产负债表科目，完成后如图11-32所示。

图 11-32　资产负债表

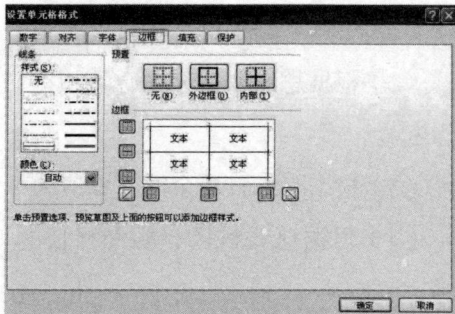

图 11-33　"设置单元格格式"对话框

（4）选中A3：H32单元格并右击，在弹出的快捷菜单中选择“设置单元格格式”选项。

（5）在打开的“设置单元格格式”对话框中打开“边框”选项卡，选择如图11-33所示的边框样式，然后单击“确定”按钮。

（6）生成一张美化后的资产负债表，如图11-34所示。

资产负债表

编制单位：　　年　　月　　日　　单位：元

资产	行次	期初数	期末数	负债及所有者权益	行次	期初数	期末数
流动资产				流动负债			
货币资金				短期借款			
交易性金融资产				应付票据			
应收票据				应付账款			
应收账款				预收款项			
预付账款				应付职工薪酬			
应收股利				应交税费			
其他应收款				应付利息			
存货				应付股利			
一年内到期的非流动资产				其他应付款			
其他流动资产				一年到期的非流动负债			
流动资产合计				其他流动负债			
非流动资产				流动负债合计			
可供出售金融资产				非流动负债			
持有至到期投资				长期借款			
长期应收款				应付债券			
长期股权投资				长期应付款			
固定资产				预计负债			
在建工程				递延所得税负债			
工程物资				其他非流动负债			
固定资产清理				非流动负债合计			
无形资产				负债合计			
商誉				所有者权益			
长期待摊费用				实收资本（股本）			
递延所得税资产				资本公积			
其他非流动资产				盈余公积			
非流动资产合计				未分配利润			
				所有者权益合计			
资产总计				负债和所有者权益总计			

图 11-34　美化后的资产负债表

Microsoft Excel - 第六章.xls

	A	B	C	D	E	F	G	H
1	资　产　负　债　表							
2	编制单位：		年	月	日			单位：元
3	资产	行次	期初数	期末数	负债及所有者权益	行次	期初数	期末数
4	流动资产				流动负债			
5	货币资金			35400.00	短期借款			4000.00
6	交易性金融资产			1000.00	应付票据			
7	应收票据				应付账款			29500.00
8	应收账款			37800.00	预收款项			
9	预付款项				应付职工薪酬			
10	应收股利				应交税费			1200.00
11	其他应收款				应付利息			900.00
12	存货			49300.00	应付股利			420.00
13	一年内到期的非流动资产				其他应付款			700.00
14	其他流动资产				一年到期的非流动负债			
15	流动资产合计			123500.00	其他流动负债			
16	非流动资产				流动负债合计			36720.00
17	可供出售金融资产				非流动负债			
18	持有至到期投资			600.00	长期借款			70000.00
19	长期应收款				应付债券			
20	长期股权投资			7000.00	长期应付款			
21	固定资产			87700.00	预计负债			
22	在建工程				递延所得税负债			
23	工程物资				其他非流动负债			
24	固定资产清理				非流动负债合计			70000.00
25	无形资产			3000.00	负债合计			106720.00
26	商誉				所有者权益			
27	长期待摊费用				实收资本（股本）			109000.00
28	递延所得税资产				资本公积			400.00
29	其他非流动资产				盈余公积			3880.00
30	非流动资产合计			98300.00	未分配利润			1800.00
31					所有者权益合计			115080.00
32	资产总计			221800.00	负债和所有者权益总计			221800.00

图 11-35　编制完的资产负债表

（二）资产负债表的编制

根据已建立的科目余额表，可以轻松地建立资产负债表。每个项目的数据来源主要通过以下方法获得：

（1）根据总账科目余额直接填列，如应收票据、短期借款。

（2）根据总账科目余额计算填列，如货币资金=库存现金+银行存款+其他货币资金。

（3）根据明细科目余额计算填列，如应付账款、预付账款。

（4）根据总账科目和明细科目的期末余额计算填列，如长期借款、应付债券。

（5）根据科目余额减去其备抵项目后的净额填列，如应收账款、持有至到期投资、固定资产和无形资产等。

（6）将各科目余额填入对应的报表项目中，资产负债表即编制完成，结果如图11-35所示。

二、Excel在利润表中的应用

企业经营一定期间内，需要了解企业的资产、负债及所有者权益的情况，这些都关系到企业经营的好坏，因此需要编制利润表。利润表也是企业会计报表中的重要报表。

（一）设置利润表格式

利润表的建立与资产负债表的建立过程和方法类似，具体操作步骤如下：

（1）打开Excel工作簿，将"Sheet2"工作表重命名为"利润表"。

（2）选择A1：D1单元格，单击"合并居中"按钮，在A1单元格中输入"利润表"，并单击"加粗"按钮 B。

（3）使用同样的方法输入表头，然后输入利润表各科目。

（4）选中单元格A4：D18，设置边框样式，效果如图11-36所示。

图 11-36 利润表

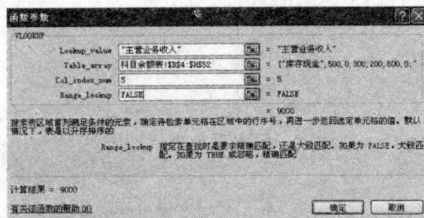

图 11-37 设置 VLOOKUP() 函数参数

（二）利润表的编制

利润表的编制也是基于科目余额表，但是收入和费用账户是虚拟账户，每个期间没有始末余额。编制利润表时，必须根据科目余额表中当期发生额的相关会计科目编制。

1. 本月数的填制

在利润表中输入本月数，需要在损益表和科目余额表之间建立链接以进行数据传输。如前所述，数据链接调用有两种类型：直接调用和间接调用，资产负债表使用直接调用编制，利润表使用间接调用编制。假设已定义所需范围名称，利润表本月数的具体填制步骤如下：

（1）打开Excel工作簿中的"利润表"。

（2）选中C4单元格。

（3）单击菜单栏中的"公式"｜"查找与引用"右侧的下拉按钮，选择VLOOKUP()函数。

（4）打开VLOOKUP"函数参数"对话框，在其中的Lookup_value自变量位置输入""主营业务收入""，在Table_array自变量位置输入范围"科目余额表！$B$4:$H$52"（直接选取该工作表相应区域即可），在Col_index_num自变量位置输入"5"，在Range_lookup自变量位置输入FALSE，如图11-37所示。

（5）单击"确定"按钮完成函数参数的设置。

（6）按照步骤（4）的方法，在编辑栏中输入"＋VLOOKUP（"其他业务收入"，科目余额表！$B$4:$H$52,5,FALSE）"，C4单元格中显示的"营业收入"为16000，如图11-38所示。

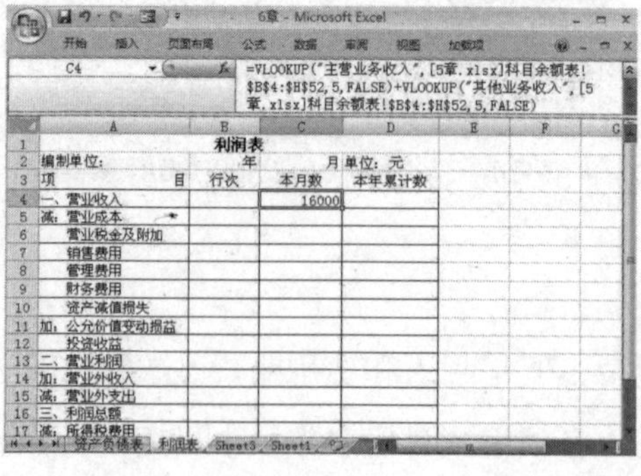

图 11-38　显示函数的计算结果

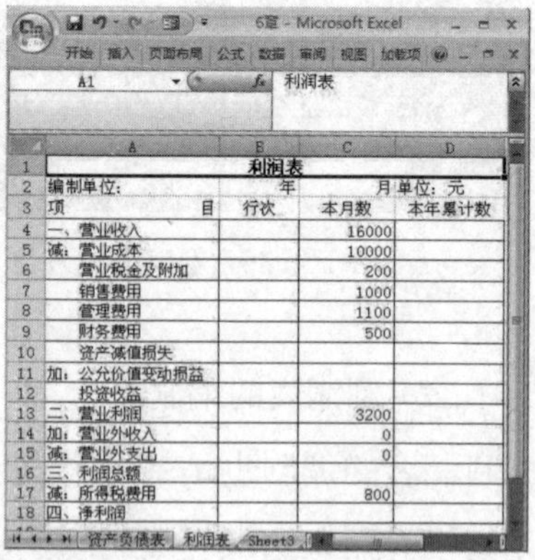

图 11-39　显示函数的计算结果

（7）选中C5单元格，输入"=VLOOKUP（"主营业务成本",科目余额表! $B$4:$H$52,5,FALSE）+VLOOKUP（"其他业务成本",科目余额表! $B$4: $H$52,5,FALSE）"，然后按Enter键。

（8）分别选中C6、C7、C8、C9、C10、C11、C12、C14、C15、C17单元格，参照步骤（4）~（5）完成数据的链接引用。

（9）选中C13单元格，输入"=C4-C5-C6-C7-C8-C9-C10+C11+C12，然后按Enter键，结果如图11-39所示。

（10）选中C16单元格，输入"=C13+C14-C15"，然后按Enter键，结果如图11-40所示。

（11）选中C18单元格，输入"=C16-C17"，然后按Enter键，结果如图11-41所示，完成利润表本月数的填制。

图 11-40　显示单元格计算结果 　　　　图 11-41　编制完的利润表

2. 本年累计数的填制

利润表中的本年度累计数，是指本年1月份起至当月的累计利润数。要获取本年的累计数，只需单击"科目汇总表"工作表中月份字段旁的下拉按钮，然后选择"科目汇总表"编制的月份为"全部"，生成利润表当年累计数。

第四节　Excel在报表分析中的应用

一、资产负债表分析模型

资产负债表是一个反映特定日期企业财务状况的报表。资产负债表分析可以在任何特定时间深入了解公司的经济资源及其构成、公司的资金来源及其构成、长期和短期债务偿付能力，以及不同时期的财务状况变化。

资产负债表分析包括比较分析和结构分析。比较分析是指比较计算前后两个时期的资产负债表数据增减变动额和增减变动幅度；结构分析通常使用总资产的100％为基数来计算资产负债表每个项目占总资产的百分比。

可以在建立资产负债表分析模型的过程中使用IF()、AND()、ISBLANK()、ANK()等函数。IF()函数和AND()函数的功能已在前面的章节中介绍，ISBLANK()函数的功能将在下面介绍。ISBLANK()函数用于检验数值或引用的类型，并根据参数的值返回TRUE或FALSE，语法格式为=ISBLANK(value)，其中value是要检验的值。如果该值是对空单元格的引用，则ISBLANK()函数返回逻辑值为TRUE，否则返回FALSE。

下面通过实例介绍建立资产负债表分析模型的具体方法。

【例11-1】ABC公司2019年资产负债表年初和年末的有关数据存放在"财务报表分析模型"工作簿中的"资产负债表分析模型"工作表中，如图11-42所示。要求建立一个对该公司资产负债表进行比较分析和结构分析的模型。

	A	B	C	D	E	F
1	ABC公司资产负债表					
2	2019-12-31			单位：亿元		
3	项目	年末数	年初数	项目	年末数	年初数
4	流动资产:			流动负债:		
5	货币资金	45	26	短期借款	50	7
6	交易性金融资产	1	1	应付票据	0	0
7	应收账款	12	8	应付账款	205	93
8	存货	81	60	流动负债合计	255	100
9	流动资产合计	139	95	非流动负债:		
10	非流动资产:			长期借款	72	80
11	债权投资	3	3	应付债券	68	0
12	长期应收款	0	0	非流动负债合计	140	80
13	长期股权投资	55	5	负债合计	395	180
14	固定资产净值	281	216	股东权益:		
15	在建工程	173	79	股本	78	78
16	无形资产	2	2	资本公积	58	58
17	非流动资产合计	514	305	盈余公积	35	29
18				未分配利润	87	55
19				股东权益合计	258	220
20	资产合计	653	400	负债与股东权益合计	653	400

资产负债表分析模型　利润表分析…

图 11-42　ABC 公司资产负债表

建立模型的具体步骤如下。

（1）在“财务报表分析模型”工作簿的“资产负债表分析模型”工作表中设计模型的结构，如图11-43所示。

	H	I	J	K	L	M	N	O	P	Q
1	ABC公司资产负债表分析（金额单位：亿元）									
2	项目	年末与年初比较		结构分析		项目	年末与年初比较		结构分析	
3		增减额	增减幅度	年末结构	年初结构		增减额	增减幅度	年末结构	年初结构
4	流动资产:					流动负债:				
5	货币资金	19	73.08%	6.89%	6.50%	短期借款	43	614.29%	7.66%	1.75%
6	交易性金融资产	0	0.00%	0.15%	0.25%	应付票据	0	无意义	0.00%	0.00%
7	应收账款	4	50.00%	1.84%	2.00%	应付账款	112	120.43%	31.39%	23.25%
8	存货	21	35.00%	12.40%	15.00%	流动负债合计	155	155.00%	39.05%	25.00%
9	流动资产合计	44	46.32%	21.29%	23.75%	非流动负债:				
10	非流动资产:					长期借款	-8	-10.00%	11.03%	20.00%
11	债权投资	0	0.00%	0.46%	0.75%	应付债券	68	无意义	10.41%	0.00%
12	长期应收款	0	无意义	0.00%	0.00%	非流动负债合计	60	75.00%	21.44%	20.00%
13	长期股权投资	50	1000.00%	8.42%	1.25%	负债合计	215	119.44%	60.49%	45.00%
14	固定资产净值	65	30.09%	43.03%	54.00%	股东权益:				
15	在建工程	94	118.99%	26.49%	19.75%	股本	0	0.00%	11.94%	19.50%
16	无形资产	0	0.00%	0.31%	0.50%	资本公积	0	0.00%	8.88%	14.50%
17	非流动资产合计	209	68.52%	78.71%	76.25%	盈余公积	6	20.69%	5.36%	7.25%
18						未分配利润	32	58.18%	13.32%	13.75%
19						股东权益合计	38	17.27%	39.51%	55.00%
20	资产合计	253	63.25%	100.00%	100.00%	负债与股东权益合计	253	63.25%	100.00%	100.00%

资产负债表分析模型　利润表分析模型　Sheet3

图 11-43　ABC 公司资产负债表分析模型

（2）在单元格I5中输入公式“=IF（AND（ISBLANK（B5）,ISBLANK（C5））,"",B5-C5）”。

这里同时使用IF()函数、AND()函数和ISBIANK()函数的作用是，首先判断

B5和E5单元格是否同时为空白单元格，如果条件成立，则在I5单元格中返回空白，否则返回单元格B5与单元格C5的数值之差。

（3）在单元格中J5输入公式"=IF（AND（ISBLANK（B5），ISBLANK（C5）），"",IF（C5=0,"无意义",（B5-C5）/C5））"。

这里除了使用AND（ ）函数和ISBLANK（ ）函数以外，还使用了两个IF（ ）函数。使用第一个IF（ ）函数和使用AND（ ）函数及ISBLANK（ ）函数的功能如上所述，即只有在单元格B5和单元格C5都不是空白的情况下才进行正常计算，否则返回空白。使用第一个IF（ ）函数的作用是判断作为分母的单元格C5中的数值是否为0，若条件成立则返回文本"无意义"，否则按公式（B5-C5）/C5计算J5单元格中的数值，从而可以避免在除数为0的情况下选定的单元格中返回出错信息。

（4）在单元格K5中输入公式"=IF（ISBLANK（B5），"",B5/ $ B $ 20）"。

（5）在单元格L5中输入公式"=IF（ISBLANK（C5），"",C5/ $ C $ 20）"。

（6）选取单元格区域I5：L5，将其复制到单元格区域I6：L20。

（7）在单元格N5中输入公式"=IF（AND（ISBLANK（E5），ISBLANK（F5）），"",E5-F5）"。

（8）在单元格O5中输入公式"=IF（AND（ISBLANK（E5），ISBLANK（F5）），"",IF（F5=0,"无意义",（E5-F5）/F5））"。

（9）在单元格P5中输入公式"=IF（ISBLANK（E5），"",E5/ $ E $ 20）"。

（10）在单元格Q5中输入公式"=IF（ISBLANK（F5），"",F5/ $ F $ 20）"。

（11）选取单元格区域N5：Q5,将其复制到单元格区域N6：Q20。模型的运行结果如图11-44所示。

ABC公司资产负债表分析（金额单位：亿元）									
项目	年末与年初比较		结构分析		项目	年末与年初比较		结构分析	
	增减额	增减幅度	年末结构	年初结构		增减额	增减幅度	年末结构	年初结构
流动资产:					流动负债:				
货币资金	19	73.08%	6.89%	6.50%	短期借款	43	614.29%	7.66%	1.75%
交易性金融资产	0	0.00%	0.15%	0.25%	应付票据	0	无意义	0.00%	0.00%
应收账款	4	50.00%	1.84%	2.00%	应付账款	112	120.43%	31.39%	23.25%
存货	21	35.00%	12.40%	15.00%	流动负债合计	155	155.00%	39.05%	25.00%
流动资产合计	44	46.32%	21.29%	23.75%	非流动负债:				
非流动资产:					长期借款	-8	-10.00%	11.03%	20.00%
债权投资	0	0.00%	0.46%	0.75%	应付债券	68	无意义	10.41%	0.00%
长期应收款	0	无意义	0.00%	0.00%	非流动负债合计	60	75.00%	21.44%	20.00%
长期股权投资	50	1000.00%	8.42%	1.25%	负债合计	215	119.44%	60.49%	45.00%
固定资产净值	65	30.09%	43.03%	54.00%	股东权益:				
在建工程	94	118.99%	26.49%	19.75%	股本	0	0.00%	11.94%	19.50%
无形资产	0	0.00%	0.31%	0.50%	资本公积	0	0.00%	8.88%	14.50%
非流动资产合计	209	68.52%	78.71%	76.25%	盈余公积	6	20.69%	5.36%	7.25%
					未分配利润	32	58.18%	13.32%	13.75%
					股东权益合计	38	17.27%	39.51%	55.00%
资产合计	253	63.25%	100.00%	100.00%	负债与股东权益合计	253	63.25%	100.00%	100.00%

图 11-44　ABC 公司资产负债表模型

二、利润表分析模型

利润表是反映一段时间内企业经营成果的报表。利润表的分析有助于了解公司在一定时期内的经营成果和盈利能力，以判断公司的未来发展趋势并做出正确决策。

利润表分析包括比较分析和结构分析。比较分析是指比较计算前后两个时期的利润表数据增减变动额和增减变动幅度；结构分析通常使用营业收入的100%为基数来计算每个利润表项目占营业收入的百分比。

【例11-2】根据L公司2019年“利润表分析模型”工作表中的数据，建立一个对该公司利润表进行比较分析和结构分析的模型，其具体步骤如下。

（1）打开“财务报表分析模型”工作簿，在其中的“利润表分析模型”工作表的E1：I17单元格区域设计模型结构。

（2）在单元格F4中输入公式“=B4-C4”。

（3）在单元格G4中输入公式“=IF（C4=0,"无意义",F4/C4）”。

（4）选取单元格区域F4：G4，将其复制到单元格区域F5：G17。

（5）选取单元格区域H4：17，输入数组公式“B4：C17/B4：C4”，模型的运行结果如图11-45所示。

	ABC公司利润表				ABC公司利润分析（金额单位：亿元）				
	2019年度	单位：亿元			项目	与上期比较分析		结构分析	
	项目	本期金额	上期金额			增减额	增减幅度	本期结构	上期结构
一、	营业收入	534	416	一、	营业收入	118	28.37%	100.00%	100.00%
减：	营业成本	422	338	减：	营业成本	84	24.85%	79.03%	81.25%
	税金及附加	3	2		税金及附加	1	50.00%	0.56%	0.48%
	销售费用	4	3		销售费用	1	33.33%	0.75%	0.72%
	管理费用	14	13		管理费用	1	7.69%	2.62%	3.13%
	财务费用	2	1		财务费用	1	100.00%	0.37%	0.24%
	资产减值损失	0	0		资产减值损失	0	无意义	0.00%	0.00%
加：	公允价值变动损益	0	0	加：	公允价值变动损益	0	无意义	0.00%	0.00%
二、	营业利润	89	59	二、	营业利润	30	50.85%	16.67%	14.18%
加：	营业外收入	1	0	加：	营业外收入	1	无意义	0.19%	0.00%
减：	营业外支出	1	1	减：	营业外支出	0	0.00%	0.19%	0.24%
三、	利润总额	89	58	三、	利润总额	31	53.45%	16.67%	13.94%
减：	所得税费用	27	19	减：	所得税费用	8	42.11%	5.06%	4.57%
四、	净利润	62	39	四、	净利润	23	58.97%	11.61%	9.38%

资产负债表分析模型　利润表分析模型　Sheet3　⊕

图 11-45　ABC 公司利润表分析模型